꽃,
천사,
우리들의 얼굴
그리고
마음 흐르는대로
써 내려간
기도의 흔적으로
당신을 위로합니다.

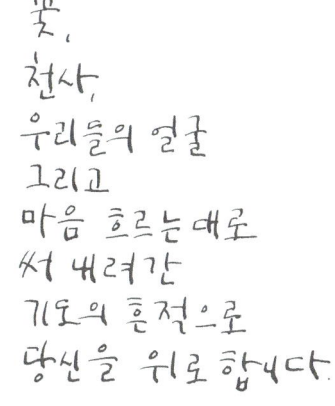

성당에서,
기차 안에서,
공항 대기실에서
가끔은 기나긴 여정의
비행기 안에서
하느님 안에 있는 나,
나 안에 있는
하느님을 만나기 위해
틈틈이 써 내려간
글과 그림들.
이곳에 담긴 은총의 향기를
아버지 소 알로이시오 신부님과
마리아 수녀외
그리고
모든 알로이시오의 가족들께
바칩니다. ♡

저자와
협의하여
인지 생략

정말지 수녀의 그림일기

지은이 | 정말지
펴낸이 | 一庚 장소님
펴낸곳 | 도서출판 답게
편집 · 디자인 | 이고은

초판 발행 | 2017년 1월 20일
초판 2 쇄 | 2017년 2월 15일

등 록 | 1990년 2월 28일, 제 21-140호
주 소 | 04994 서울시 광진구 면목로 29(2층)
전 화 | (편집) 02) 469-0464, 02) 462-0464
      (영업) 02) 463-0464, 02) 498-0464
팩 스 | 02) 498-0463

홈페이지 | www.dapgae.co.kr
e-mail | dapgae@gmail.com, dapgae@korea.com

ISBN 978-89-7574-289-7

ⓒ 2017, 정말지

나답게 · 우리답게 · 책답게

* 책값은 뒤표지에 있습니다.
* 잘못 만들어진 책은 구입하신 서점에서 교환해 드립니다.

일기장하고
노는 수녀

진짜 나 · 12
히야신스 · 14
오감 · 16
이렇게 되는구나…ㅎㅎ · 18
Who you are? · 20
검정고무신 · 22
얼마나 · 24
서글픈 감옥 · 26
너무 잘하려고 하지 마세요 · 28
12시 80분 · 30
나팔꽃 · 32
지금 여기 감사할 일 10가지 · 34
자화상 · 36
상록수야 미안해 · 38
너의 전부 · 40
갈증 · 42
바쁘지요? · 44
크리스마스 마음 · 46
딜레마 · 48
나는 풀인가, 나무인가? · 50
나의 언어 · 52
Why me, Why now? · 54
내 탓이요 · 56
잠잠해집니다 · 58
있는 그대로 좋아해! · 60
지금 여기 감사할 일 10가지 · 62
류시화1 · 64
류시화2 · 66

종합선물 한 상자 · 68
진짜 사랑 · 70
What should I do? · 72
처음부터 우리는 하나 · 74
새 축복, 새 은혜, 새 환경 · 76
부탁해… · 78
그렇게 될 줄 알았다! · 80
다시 시작 · 84
한 번에 한 가지씩 · 86
귀여운 신부님 · 88
모두가 행복했으면… · 90
지금 여기 감사할 일 열가지 · 92
조당당 정당당 · 94
홀로, 그리고 다같이 · 96
내가 있다 · 98
100페이지 · 100
윤동주 · 102
내 인생의 표어 · 104
소심한 사람은
누리지 못하는 특권 · 106
보이지 않는 길 · 108
죽을 때 입을 옷 · 110
슈퍼문 · 112
새벽, 제주도 · 114
미안!!ㅋ · 116

나를 위로한다
오늘 그리고 여기...

지금 여기 · 120
존재의 핵심 · 122
얼마나 좋은가 · 124
어버이날 · 126
빈자리 · 128
뭐지? · 130
나이듦의 값짐 · 132
성매리 성당의 정원 · 134
ㅎㄷㄷ · 136
정원 일 · 138
몸치 · 140
온전히 달빛 · 143
하고 싶은 일 · 144
똑게 · 146
버리고, 비워야 · 148
남과 비교하느라
잃어버린 시간 · 150
왼손 신세 · 152
진짜 휴식 · 154
견뎌내는 일... · 156
행운은 가면을 쓰고 나타난다 · 158
제자리걸음 · 160
새로운 답 · 162
헛소리 · 164
평화 · 166
몸의 하소연 · 168
빨간 기쁨 · 170
추하다 · 172

여백이 있는 삶이 좋다 · 174
새벽에 문득 · 178
미국 · 182
눈아 · 184
알 수 없는 일 · 186
나는 내가 좋다! · 188
가슴에 별을 품자 · 190
지금 여기 감사할 일 10가지 · 192
향기 · 194
선물처럼 바람처럼 물처럼 · 198
진짜 파라다이스 · 200
그대로 두자 · 202
칭찬ㅎㅎ · 204
프리 허그 · 206
그것은 네 말이다 · 208
걱정 · 212
답이 있나요? · 214
빈둥빈둥 · 216
놀라운 기쁨 · 218
큰 사랑에 기대어 · 220
공주방 · 222
어느 날의 유언 · 224

나는 걱정보다 기도합니다

엄마 없는 크리스마스 · 230
소중한 사람 · 232
봄이 우리 속에 있다 · 234
당당과 교만 · 236
당신을 위하여 기도합니다 · 238
불금 · 240
참 자유 · 242
내가내가 병 · 244
ego · 246
벙어리 3년 · 248
바보같은 사랑 · 250
약속 · 252
용감한 겸손 겸손한 용기 · 254
희망의 빈 바구니 · 256
참 고마운 지금 여기 · 258
성호 · 260
편지 · 262
오늘 같은 날 · 264
몸살 · 266
아무 힘도 없는 이의 기도 · 268
안도감 · 274
과달루페의 성모님 · 276
애초에 나였음을... · 278
기도발 · 280
그 가벼움 그 텅빔 · 282
지금 여기 감사할 일 10가지 · 284
요안나 수녀님 · 288
고맙습니다 · 290

어떻게 해야 합니까 · 292
꿈꾸는 일은 늘 즐겁습니다 · 294
어떻게 사랑해야 하나요? · 296
알 수 없는 하느님 · 298
타인을 위한 기도 · 300
날개짓 하게 하시고 · 302
고통 없는 날 · 304
이별 · 306
12월 30일 · 308
사랑으로 닳아 가는 일 · 310
왕관의 무게 · 312
십자가를 진 내 어깨 · 314
폭염 · 316
아이같은 단순함 · 318
지금 여기 감사할 일 10가지 · 320
악연 · 322
지리산에서의 새벽 · 324
반항심 · 326
침묵의 울림 · 328
참을 忍 · 330
탱자탱자 노는 오늘 · 332
나보다 30살 많은 오빠에게 · 334
영혼의 밑바닥 · 336
필요합니다 · 338
끝 앞에 서서 · 340
화는 말에서 나온다 · 342
해피엔딩 · 344

진짜 나

얼굴이 부었네요. 피곤하게 보여요.
운동하시나보아요. 더 탄탄해진 것 같아요.
피부가 까칠해졌네요.
밤에 라면 먹고 잤어요?
아직도 불면증 있나 봐요.
방부제 피부네요. 하나도 안변해요.
하나신 것 같애요. 기분 좋은 일 있어요?

같은 얼굴을 두고 사람들은 말한다~.
"진짜 나"는 다 보여지지 않는데...

히야신스

추울수록
향기로운 꽃
히야신스
너에게서
배운다
사랑을
구걸하지 않기로...

오감

오감이
예민해서
깨어
살 수 있어서
좋지만
가끔은
그래서
더 괴롭다.

이렇게 되는구나...ㅎㅎ

잠을 푹 잔 날은
눈이 👁 👁 요렇게
변하고,
잠을 설친 날은
😵 😵 이렇게
되는구나... 흐흐.

Who you are?

WHO
YOU
ARE ?

예수님의 부활대축일을
지내는 내 마음에도
꽃이 피었다가
졌다가...
햇볕이 고스란히
내려앉았다
바람에
우수수 흔들리는
나는 누구?
나는 어떤 중심을
끌어안고 살아야 하나?

검정 고무신

필리핀 수녀원에서
신는 검정 고무신,
가볍고 예쁘다.
오래 신으면
땀이 차겠지만,
단정해 보여서,
미사시간에 신을 것이다.

얼마나

얼마나
사랑해야
꿈에
나타나나?

얼마나
그리워해야
그 꿈이
기억나나?

얼마나
얼마나
소중해야
그 꿈 때문에
울 수가 있나?

서글픈 감옥

누군를 탓하고 비난헸습니다.
온 몸이 경직되는 것을 느낄 정도입니다.

먼가를 바라지 않고 상대방을 대하는 일이
마땅하고 옳은 일 잉에도

자주 기대합니다.
무엇을 바라고 있는,
〈그것이 유형의 것이든 무형의 것이든…〉
마음은 불행합니다.

자유롭지 못하고
굴곡에 시달리고
평화를 잃어 버립니다.
좋은 일 하고,
좋은 만남 갖고,
무엇을 줄 수 있는 위치에 있는
보람을 누리고서도
스스로가 만드는

서글픈 감옥에
갇히지 말아야 할 것입니다.

너무 잘하려고
하지 마세요!

젊어서,
그것도 너무 젊어서
크나큰 공동체의 원장이 되고
사천명 학생들의 낮과 밤을
지키기 위해
가위 눌리며 살던 시간이 있었다.

그때
누군가 내게 말했다.
〈너무 잘하려고 하지 마세요!〉

세월이 흐르고
욕심의 빛깔도 옅어지고
마음에 찰랑찰랑 자유의 물이
들어오고 있을 때,
내 앞에 서 있는
아주 젊은 원장수녀가 보인다.
긴장과 경계심에 빛나는
눈빛을 한 까칠한 얼굴의 —.

12시 80분

엘리베이터 거울을 보며
눈꼽을 떼고, 식당에 들어서니
뷔페식당으로 우리를 안내하는 Joe..^^
커피 타주고, 오렌지 쥬스 뽑아 주는 사이
살몬, 계란, 열매샐러드, 빵 1조각을 담아
자리에 앉는다.
이미 식사를 끝낸 Dolores 와 수녀님들이
웃어준다.

저녁출발 일정에 대해서 묻는데.
10분만에 음식을 쏟아 붓는데? 집중한
나의 대답:
- 언제 출발 하세요?
- 저, 저요? Twelve Eighty!
- 푹하하하!!! 빵터진 수녀님,
정신줄 놓은 상태로 내가 도대체
무슨 말을 하는지도 모는채:

빤히 보는 나에게, "그건 어느나라
시계야?" - 12시 80분이 뭐지?
황당한 4월 30일. 뉴욕의 아침이다!

나팔꽃

서초동...
그곳 한모퉁이에도
나팔꽃이
피어나고 있었다.
마음이 금방
행복해진다.

❀ 지금 여기 감사할 일 10가지

1) 유카로 만든 Tamal 먹음
2) 윤상트랙 돌며 묵주기도 10단 바침
3) <조끼> 선물 받음 (찰코 공동체)
4) 데레시타 Sr이 내가 전해 준
   <선교 10계명>을 수첩에 적어놓고
   매일 아침 읽고 있다고 말해 줌
5) 깔멜 수녀님들의 따뜻하지 끝한 환영 받음
6) 8기 졸업생 깔멜 수녀원 유기 허원자가 되어
   잘 지내고 있는 모습 보고옴.
7) 성당에서 기도하고 있음.
8) 건축가 찾음, 질문의 답 얻음.
9) Hortencia 수녀님과 많은 이야기 나눔
10) 마음에 안드는 행동을 하는 사람
    담담하게 바라봄.

자화상

자화상은
그리기가 어렵다.
이상형이
그려져 있을 때가
더 많다.
눈은 맑고 크고
머리카락은 가지런하고
입가에는 미소가,
잔주름 없이 퍼지는
갸름한 얼굴 모양
길고 가는 목...
넓지도 두껍지도 않은 어깨와
가녀린 팔뚝
길고 아름다운 손가락
적당히 큰 키
예쁜 다리와 작은 발...
등등
이 모난 상을 그림에 담지
않으려 애쓰다 보면
나와는 다른
이상한 모습의 내가
붓끝에 남는다.

상록수야 미안해

나는 상록수를 싫어합니다.
일년내내 변함없이 같은 색을
유지하는 evergreen은
지조 있는 사람,
일편단심을 표현하는 데
쓰이기도 하지만
일년 내내,
365일 똑같은 모양, 똑같은 색으로
머문다는 것은
상상만 해도
숨이 막힐 것 같습니다.

너의 전부

참 궁금했었다.
너의 색과 향기와 모양이.

봄. 여름
두 계절을 보내고야
보여지는 네 모습...

참 궁금하다
어떤 색깔과 향기를 담고
네가 나에게 오고,
내가 너에게 갈지.

하루가 저물어 당신 앞에
무릎 꿇을 때
비로소 드러나는 너의 전부,
오늘...

갈증

성당에 오면서
책장을 뒤집니다.
"뭔가 가슴 뛰게 하는 책이
없을까?"
마음과 정신에
깨끗한 충격이 되고
감동이 되길 글...
그런 무엇이 필요합니다.
세상 한 가운데에서
아무 생각없이
무절제하고
흐트러진 날들을 견디고 온 뒤라서
더 갈증 납니다.

바쁘지요?
#휴가 가는 날

사람들이
내게 하는 첫인사는
"바쁘지요?" 이다.
그런데 나는 정말 바쁜가?
가끔, 일들이 한꺼번에 몰려서
숨 쉴틈 없이 지낼 때가 있다.
그러나
많은 경우에 나는 빈둥거린다.
일의 우선 순위도 정하지 않고,
기도 시간에 일하고
일하는 시간에
기도하지 못한 것에 대해
불편하게 생각한다.

5:00 a.m.

5:30

7:00

6:00

A.H.

7:25

7:50

8:10

SOS

10:00

9:30

BUS

8:20

도서곽 - 노포동

버스안.

크리스마스 마음

비교하는 마음
기대하는 마음
보상을 바라는 마음
⇩
실망하는 마음
사랑에서 멀어지는 마음
바보같은 마음.

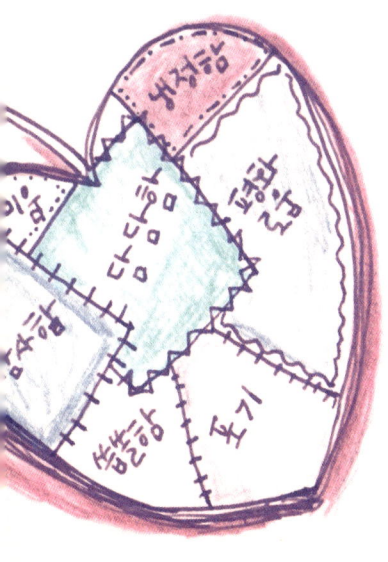

딜레마

알고 있다.
모든 것을 뛰어넘어 사랑해야 함을...

나는 풀인가, 나무인가?

장마가 시작 되었다.
나는 공연히
"지금 만나러 갑니다"의
작은 소년이 된다.
교실에서 부터 후드득 떨어지는
빗소리에서 설레어 하며
집을 향해 달음질치던
그 귀엽고 해 맑던 소년.

오늘도
저녁 무주기도 시간을
우산을 쓰고
집안을 걸어 다니며
기도했다.
비만 오면
행복해지는
나는
뭘까?

풀인가,
나무인가?

나의 언어

詩
좋은 글을 만나고
그 깊은 맛을 음미하다 보면
글을 짧게 써야 하겠다는
생각을 합니다.

깔끔하고
함축되고
향기로운 글.

詩라거나
에세이라거나
잡문이라는 카테고리 안에
넣지 않고

내 안에 담아
머물고
머물다가
드러나는 몇 마디...
어느날 내가 되어있는
나의 언어.

Why me, Why now?

그림치료 중...
엄청난 부담,
부정적인 생각,
화,
멸시하고 싶은 감정
알아차림.
불평하고
원망하고 싶음...
속이 부글부글...

내 탓이요

내 속을 들여다 보고 나면
남 탓 할 일도,
다른 사람을 우습게 볼 일도
없습니다.
내 탓이요,
내 탓이요.
나의 큰 탓이옵니다.

잠잠해집니다

요즘은
이런 생각이 듭니다.

누군가에 대해
불평할 일이 5가지 있다면
그 또한
나에 대해
불편하고 힘든 생각이
5가지 될 것이라고 ...

다행입니다.
이 깨우침에
정신을 차리고 나면
생각도
마음도
혀도
잠잠해집니다.

있는 그대로 좋아해!

늦은 밤에 문득 생각합니다.
이 세상 누군가가
저를 착하다고 한다면
하느님은 그저
입가에 미소를 지으실 것 같습니다.

이 세상 누군가가
저를 성녀 같다고 한다면
하느님은 자기도 모르게
"풉!" 하고
웃음을 터트릴 것 같습니다.

"걔는 착하지 않아.
 성녀도 아니야...
 그래도 나는
 그 아이의 있는 그대로를
 사랑하고 좋아해" 라며 —.

지금 여기 감사할 일 10가지

1. 눈앞에 펼쳐진 카리브해의 청록색 바다
2. 고요함
3. Dan & Eileen 부부와 보내는 시간
4. 셀틱음악
5. 가벼운 점심식사
6. 낮잠
7. 꽃그림 색칠
8. 아무생각없음
9. 라미 만년필과 잉크색깔
10. 홀로 있음 ^^.

류시화1

다섯 줄의 시

너의 눈에
나의 눈을 묻고
너의 입술에
나의 입술을 묻고
너의 얼굴에
나의 얼굴을 묻고

말하렴, 오랫동안
망설여 왔던 말을
말하렴, 네 숨 속에
숨은 진실을
말하렴,
침묵의 언어로 말하렴

- 류시화 -

〈최고의 연가〉

거의 20년만에 다시 만난 류시화의 시집.
〈그대가 곁에 있어도 그대가 그립다〉에서
  발견한 보석! 여성 춘의 詩.
〈사랑〉에 관한 시 가운데 가장 아름게 된다.

류시화2

비 그치고
나는 당신 앞에 선 한 그루
나무이고 싶다
내 전생애를 푸르게, 푸르게
흔들고 싶다
푸르름이 아주 깊어졌을 때쯤이면
이 세상 모든 새들을 불러 함께
지는 저녁 하늘을 바라보고 싶다

　　　　　비그치고 - 류시화 -

종합선물 한 상자

Toni Resendez (니카라구아人)의 콘서트를
관람하고 있는 St. Andrew School의 학생들.
우리 앞에 앉은 녀석들만 해도 이미 종합선물 1상자. ^^
우간다, USA, 레바논, 니카라구아, 베트남,..
눈이 예쁜 금발의 소녀는
자기 엄마가 Korean 이란다. 너무너무 예쁘다. ^^

진짜 사랑

사랑하는 일이 쓸쓸해서
일찍 자리에 들었는데
살풋 잠이 든 나를
누군가가 깨운다.
노크소리에 다시 옷을 차려입고
방문을 여는데
늘 그랬다는 듯이,
늘 그랬던 것 처럼
서 있는 청년;
수줍은 미소로 내게
건네는 치자꽃

40송이....
말셀리노
진짜
사랑을
아는 아들...

Chalco, Mexico
Fase 5.

What should I do?

딜레마...

What should I do?
짐위에 짐, 책임위에 책임...
왜 모두 나만 쳐다보고 있을까?
모두들 자기 손에 쥐어진 초에 불을
밝히고, 그 불이 꺼지지 않도록 끼어
지켜나가기만 한다면
세상은 훨씬 밝고
따뜻해 질 텐데...

왜 모두. 나만 바라보고 있지?

처음부터
우리는 하나

씨앗은 열매에서
열매는 씨앗으로부터...
그래서 깨닫는다.
처음부터 우리는 하나였음을_.

새 축복, 새 은혜, 새 환경

창설 신부님의 정신이 좋아 20여년 전 신학생이
될 때, 찰코 소녀의 집을 방문하고, 빈민촌
에도 함께 갔던 분이 이제는 50대 초반의
사제가 되어 우리 사무실에 와서 미사를
드려 주시고, 우리가 머무는 동안 이 웃자은
방에 기도실을 꾸미고 성체를 모실 수
있도록 해 주시겠답니다.

개구장이 청년이었던 Fr. Daniel Leung,
어엿하고 거룩한 사제로 성장해 있네요.
고아 우신 하느님은 그분을 통해서
우리를 위안하시고
새 축복, 새 은혜,
새 환경을 만들어 주십니다.
언제나 넘치는 사랑으로
우리의 고만한 삶을 위로하시는 주님,
고맙습니다.

ARI 에서의 첫미사. Fr. Dan Leary.

부탁해...
\# 삶을 포기하고 싶어 하는 젊은이에게...

부탁해...

질기게 견뎌라
끝까지 살아라
그래야
할 말이 있지 않겠니?

묵묵히 참아봐라
지나가게 두어라
그래야
해피엔딩이
네 앞에 서지 않겠니?

나를 보아라
내 뒤에서 보아라
적어도
순서를 지키는 예의를
갖춰라
그래야
내가 너를 반겨 줄 수
있잖아...

그렇게 될 줄 알았다!

좋은 사람 만나고
풍위있고 맛있는 식사를 하다보면
언제나 과식을 하게 됩니다.
특히 늦은 저녁식사를 그렇게 하고나면
언제나 깊이 잠들지 못하고
이런저런 불편을 경험합니다.
그리고
다음날 아침이 되면
스스로를 탓하고 있습니다.
〈그렇게 될 줄 알았다!〉
알면서
자꾸 속고 있습니다.
자꾸 잊어 버리고
같은 결과에 빠져 허우적 거립니다.

사소하지만
결코 사소하지 않은
나의 맑고 밝은 삶을 방해하는
악습 또한 이렇게 굳어집니다.
감각을 잃어 버리게 되기까지,
굳은살이 박히도록 반복하는 잘못!
끊어 버리고 싶습니다.

가비노 ✝ 빌레따
의 딸.
살짝 오만하다. ^^

길에서 만난
소녀.
푸른 눈이다.
너무 너무
예쁘다.

다시 시작

몇가지 일, 몇몇의 누군가를 생각하면
기분이 나빠지고 의욕이 떨어집니다.
그런 분위기에 빠져 있어야 할 이유가
전혀 없는데도 불구하고 그렇습니다.
일기장의 한면을 꽃으로 장식하고
그 다음장을 엽니다.
다시 시작 하는 것입니다.

한 번에 한 가지씩

달력에 2일만 남겨두고 있습니다.
마음이 급해집니다.
모든 일이 순조롭게 매끄럽게 되지 않네요.
누군가의 도움이 필요한 일이 있지만
그들의 시계는 천천히 가는 듯 합니다.
오직 주님께
온전히 의탁해야 합니다.
오직 당신께
오로이 의지합니다.
저를 용서하시고, 저를 도와 주소서.

오전에 슬리퍼 신고 계단 올라가다가
넘어졌습니다.
신발은 다 벗겨지고
왼쪽 무릎 아래쪽은 까졌습니다
오른쪽 팔도 무엇을 했는지 모르지만
간헐적으로 찢어질 듯 아픕니다.
아이고요 ~ ^^.

조급해 하지 말고
한 번에 한 가지씩 해야 합니다.
주제파악 해야죠...

귀여운 신부님

눈웃음이 귀여운 신부님이
미사드리러 오셨습니다.
주임신부님 보좌하고,
많은 업무 하시며
신자들 마음도
어루만지느라
얼굴이 많이 피곤해 보여서
제 마음이
짠합니다.
거기
그 자리에서
영적균형 잃지 않고,
하느님의 숨에
기쁘게
응답하는
사제의 삶이기를
기도합니다.

모두가 행복했으면...

문득
햇볕에 반짝거리는
야자수 이파리들과
살랑살랑 불어오는
바람을
느끼며
생각한다.
모두가 행복했으면..

지금 여기 감사할 일 열 가지

1) 성당 밖의 새소리
2) 약간 추웠지만 게으름 피우지 않고
   샤워하고 일찍 성당에 옴
3) 분심없이 바치는 묵주의 기도
4) 마음의 잔잔함
5) 적당하게 나오는 초축임소
6) 윤동주의 시집 그리고 그의 영향
7) 제대에 꽂힌 다섯 송이의
   해바라기
8) 알 수 없는 오늘
9) 기도가 필요한 이들을
   떠올리는 일
10) 이러고 있는 지금여기,
    고맙습니다.
    고맙습니다.

조당당
정당당

고분고분해 보이지 않는
첫인상으로 인해
"도도"하다고 했을 때,

옆사람이 말해준다.
<제 눈에는 "당당"해 보이는데요.>라고.

그렇게 바라보니 그렇다.
내가 지금 바라보는
그 얼굴은
거울에 비친 내 얼굴이다.

미안해~.
너의 당당함을
진작 알아보지 못해서…
미안해 네가 바로 나임을
잊고 있어서_.^^

홀로, 그리고 다같이

무더운 여름,
모두가 지쳐서
걸음도 느려지고
마음도 게을러질 때,
홀로, 그리고 다같이
옹기종기 모여
당당하고
꿋꿋하게

피어나는
참 예쁜 꽃들…
백일홍 ♡.

내가 있다

인도에 타고르 시인이 있었다면
한국에 윤동주 시인이 있다.

인도에 마더 데레사가 있었다면
한국에 소 알로이시오 신부가 있다.

여기에 있다.
타고르도 좋아하고
윤동주도 좋아하고
마더 데레사도 닮고 싶고
소 신부님도 닮고 싶은
풋내 가득한,
울퉁불퉁한,
그럼에도 길을 멈추지 않는
내가 있다.

은은한 미소 지으며
이 알아 차림에 머무는
지금 여기서 내가 있다.

100페이지

한 달만에 100페이지의 글을 씁니다.
그냥 끊임없이
그침없이
거침없이 씁니다.
생각 정리도 하고, 집중도 할 수 있습니다.
제 마음에 이 같은 의욕을 넣어주시는
주님께 감사드립니다.

윤동주

윤동주,
대한민국에
당신 처럼
맑고
올곧한
정신의
청년이
살았다는
사실
하나만으로
벅찬 기쁨
그윽한 자부심으로
행복합니다.

내 인생의 표어

교원미사에 조금 늦게 도착했습니다.
달에 1번 성당에서 모이고 미사 참례하고
맛있는 점심을 먹고가는 이 일도
한두번은 참신한 일이지만
열두번 이상 하고 나면
지축하고 답답할 것이라는 생각이 들었습니다.
그런 교원들의 <오늘>이
조금 색다르기를 바라며
가지고 있던 메모지 노트를 보았습니다.
A4 용지 4/1 정도 크기이지만
100장은 된 것 같았습니다.
넘치도 모자라지도 않는 89장의 메모지에
<영혼의 닭고기 스프>같은
글귀 한 줄씩 적었습니다.

104

40분동안 여장의 메오지를
순전히 내 생각과
마음에 새겨진
명건들로 채웠습니다.
종이 한장 한장을 꼭지 접고,
성당입구에 벗어놓은
그들의 신발에
꽂아두었습니다.
미사후, 들려오는
감탄사와 눈물가득한
눈망울과 포옹—.
감동을 주면서
감동 받습니다.

소심한 사람은
누리지 못하는 특권

좋은 일이 있어서
자랑 실컷 했는데
누군가가
번복한다는 연락을 해 왔습니다.
안타깝습니다.
참 재미있고
보람있는 일도 많을 텐데…
다시 생각합니다.

〈사랑은
사랑하는 者의 것〉입니다.
용기없고
소심한 사람은
누리지 못하는
특권입니다.

사랑하는 일에
용감한 사람들이
많은 세상을 그립니다.

보이지 않는 길

보이지 않는 길을 찾으러
크고 작은 섬들이
옹기종기 모여 있고,
들국화와 억새가 조화로운
남포 산꼭대기에 왔습니다.
고요와 평화가 머무는
이 곳에서 하루를 묵고,
당신이 길이요, 진리요,
생명임을
확인! 합니다.

죽을 때 입을 옷

죽을때 입을 옷을 살아서도 입고 있는
수도자...
살아도 죽어 있고, 죽어도 사는 삶
그렇게 살아 가라고...

슈퍼문

슈퍼문 내 마음의 별; 감사와 그리움, 비행기,
그리고 자잘한 가방을 든 공항 속의 나...

새벽. 제주도.

새벽.
제주도.
깨어있음.
거실에 켜둔 작은 조명 덕분에
모두가 잠든 시간에 일어나
글을 쓰고, 기도할 수 있음.
쾌적한 온도...
고아운 마음이 또 올라옴.

미안!!ㅋ

나를 위로한다
　　　오늘 그리고 여기...

지금 여기

참 오랫만에 _ .
토요 특전미사를 하고
일찌감치
성당에 와서
그저 머물 수 있는
이 두 시간이
참 좋습니다.
일 생각도,
이웃에 대한 부정적인 판단도,
아이들 걱정도 하지 않고,
그냥 깨끗한 잉크처럼
마음 흐르는 대로
글을 쓰고,
책을 읽고,
묵주의 기도를 바치고,
호흡을 지켜보고...
가만히 머무는 이 시간이
정말 좋습니다.

존재의 핵심

한 졸업생이 말합니다.
저도
약한 인간이어서
가끔
이런 생각을 합니다...
〈하느님이 진짜 계시나?〉
그러다가
이곳에 와서
수녀님들 보면서
확신합니다.
〈하느님은 계신다!〉

얼마나 좋은가

얼마나 좋은가?
말이 통하고
마음이 통하고
머무는 곳이 평화롭다.
더 많은 생각,
더 많은 감정,
더 많은 일을
조심하고
버리고
놓을 일이다.

어버이날

5月8日이 미국에서도 어버이 날을 기념하는지
처음 알았습니다.
엄마없는 첫 어버이 날,
봄이는 Tim 과 함께 매년 어버이날
기부를 하기도 했다고 전합니다.
가슴 뭉클한 순간 입니다.
엄마수녀 / 수녀엄마의 성소를 받은
마리아 수녀회의 모든 가족, 수도형제들을
위해서도 기도합니다.

John Neouman 성당에서는
미사지향을 어머니들을 위해서
봉헌했는데
성모 어머니가 그 주인공이어서
참 좋았습니다.
영성체 후 특송
AVE MARIA 를 불렀는데
어머니날에 가장 어울리는 선곡
이라는 생각을 했습니다.
<Hail Mary, gentle woman>
이라는 성가도 꼭 배우고 싶습니다.
이 세상의 모든 어머니들을 위해서도
기도 합니다.

빈자리

35명의 수녀들이 피정에 참여하는데
하루 세 끼 식사 시간과 저녁 성가연습
시간에는 식탁에 앉습니다.
제가 앉은 자리에서 오른쪽은 비어서
좌석이 없고, 왼쪽 바로 옆에는
테이블 세팅이 되어 있는데도 아무도
앉지 않습니다. 옆자리가 비어있는
사실을 깨달을 때 마다, 사람들이
나에게 다가오기를 두려워 하거나
싫어한다는 생각을 했습니다. 소임
덕분에 고독과 친구 된 지 오래이기에
낯선 곳, 딴 장소에 와도 내 주변에는
사람이 없구나 라는 생각을 하다가,
피정 마지막 날인
오늘 아침 식사시간에는
웃음이 피식 났습니다.
"아, 그렇구나!
내 곁에 예수님 앉으시라고
모두가 배려해 준 것이구나... !! "
그런 깨달음 Aha! 이후의 장보는
완전히 달라집니다.
식사시간 내내 자주 잊고 있던 주님의 현존,
동반을 기억하고, 마음으로 소통 하였습니다.

고맙습니다. 빈자리 !!!

뭐지?

오마니,
뭐지?
몇 년 전 멕시코에서 탑을 리모델링해서
멋진 숙소 만들 때 외벽색으로
멕시칸 보라색을 칠하자고 했을 때
7색 8색 하시더니,
깔멜 수녀님들이 안겨주는
보라색 구절초를 받으며
말씀하신다.
"아, 제가
보라색 국화
좋아하는 줄
어떻게 아셨어요?" 라고,
뭐지? ^^

나이듦의 값짐

사랑하는 일 보다
사랑하지 않는 상태가
더 불편함을 배웁니다.

침묵 속에 머무는 일이
사사건건 끼어드는 일 보다
더 깊은 울림을
줄 수 있음을 배웁니다.

세상의 온갖 걱정과
악몽과 후회나 절망도
한 가닥 기도 보다
소중하지도, 힘세지도 않음을
배웁니다.

오늘도 저는 배웁니다
어제 보다 조금 더
너그럽고,
조금 더 하늘을 담을 수 있는
나이듦의 값짐을
배웁니다.

성매리 성당의 정원

Annapolis의 중앙에 자리잡은
St. Mary 성당의 정원은 50평 정도의
넓이를 가졌는데
봄. 여름. 가을 그리고 겨울 내내
볼거리가 풍성한, 색깔이 다양한
꽃들이 아기자기하게 심어져 있어서
미사참례하는 즐거움을 더해 준다.
튤립이 지는 이번 주부터는
Bluebell, 방울꽃이 텃밭 한고랑만큼
모여서 피어나고 있다.
푸른 보라 꽃무더기!!!
바닥에 낮게 앉아 한결같이 피어나는
푸른팬지와 하얀팬지의 조화도
근사하다. 여름에 피어날 수국과 장미가
자기 시간을 준비하여 솔솔솔
연두빛 치장을 한다.
답답하고 갑갑한 타향살이 —.
주님께서 주시는 선물 —
꽃밭에 서 본다.

ㅎㄷㄷ

DC의 Georgetown 대학 뒷편에
있는 독일대사관에 오는데...
1시간 후에 오랍니다.
마침 길가에 세워진 검은 차 안의 운전사가
자기도 가톨릭신자라고 해서 가벼운
인사를 하고 있는데 그의 boss로 보이는 분이
차에 탑니다.
1시간을 어디서 보낼까?
그냥 걸어 볼까? 생각하고 있는데
차로 이동시켜 주겠다고 합니다.
OMG!!!
골목 하나를 내려오니 샌드위치 집이 있습니다.
친절하고 착한 사람들 천지입니다.
우리 사무실 식구들은 우리가
수도복을 입고 다니기 때문에 <연예인>
이상의 관심을 받는다고 기뻐하면서도 놀립니다. ^^.
you're celebrity... ^^ ho ho ho.
샌드위치 집은 7080 팝들이 흐르고,
샌드위치 속은 원하는 대로 골라서
자기 만의 빵을 주문할 수 있는데
가격이 장난 아니게 비쌉니다.
ㅎㄷㄷ...

정원 일

아우리하고 나면 뿌듯한 일,
정원일입니다.
햇볕이 가득하고
훨씬 따뜻해진 날들!
고맙습니다.

몸치

중학생들과 저녁을 먹는데
한 친구가 물었습니다.
"수녀님은 못하시는 게 뭐예요?"라고.
저의 대답은 한치의 망설임 없이
<춤!> 이라고 했습니다.
수녀원에 입회했을 때에는
20대 초반의 얌전해 보이는
모습 탓인지, 원장 수녀님께서
고전 무용을 배우라고 하셨습니다.
수녀님 십여 명이 지도수녀님으로 부터
춤사위를 익히고 있었습니다.
우아한 손동작과 살짝 내민 발로
살랑살랑 걸으며 기교를 부리며 움직이는
고개와 어깨—. 일주일을 지켜보았지만

오히려 흉내 낼 수 없는 동작이었습니다.
한 주일이 지난 마지막 날,
지도 수녀님이 저를 불러 말씀 하셨습니다.
"자매는 이제 부터 나오지 않아도 됩니다." 라고 _.

〈춤〉 앞에서는 늘 바보가 되는 기분이지만
 춤을 잘추는 사람들을 좋아합니다.
 대화가 통하지 않고,
 어른들 가까이 오지 않으려 하는
 청소년들이
 음악과 춤을 통해 온전히 다가오고,
 당당하고 자유로와 보일 때
 아주 뿌듯하고 기쁩니다.
 춤을 추지 못하지만 춤을 좋아하는 마음으로
 이미 가까워 진 기분 ...

온전히 달빛

날씨가 많이 시원해졌습니다.
어젯밤에는 커튼을 열어두고,
방안에 불을 꺼둔 채,
온전히 달빛을 이불 삼아
잠이 들었습니다.
달님이 내 방으로 얼굴을 들여놓을 수 있도록
창문이 바닷가로 난 방에서
쉴 수 있어서
고마운 마음이 가득합니다.
오늘도 여러가지 할 일이 메모지에
적혀 있습니다.
하나씩 하나씩
사랑으로 마무리할 수 있기를,
포기하거나 중단하지 않을
용기를 주시기를 기도합니다.

하고 싶은 일

드디어
소나기가 쏟아졌습니다.
지금은 큰 차이가 없지만
곧 시원해 질 것이라는
희망이 있습니다.
날씨가 조금 더 서늘해지면
하고 싶은 일이
많아집니다.

우선
그림을 많이 그리고 싶습니다.
센터 로비에 6개월이상
걸려있는 그림들을
바꾸고 싶습니다.

새 마음,
새 믿음으로
다시 걸음을 옮기고
싶습니다.

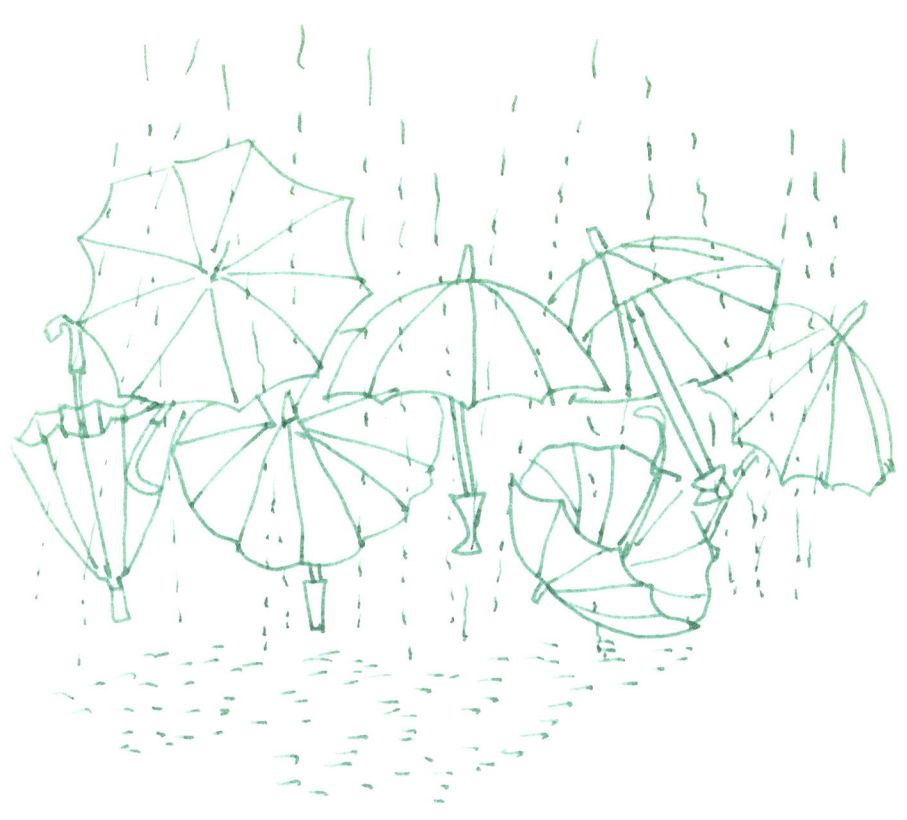

똑게

시 ㄱ ㅈ 신부님은
이상적인 지도자상에 대해서
말씀하시면서

똑부 (똑똑하고 · 부지런함)
똑게 (똑똑하고 · 게으름)
멍부 (멍청하고 · 부지런함)
멍게 (멍청하고 · 게으름)
의 비유를 들어 설명하십니다.

똑똑하다는 뜻은
창의적이고, 비전을 제시하고
단체를 미래 지향적으로
이끌어 가는 능력이라고 하셨습니다.

게으르다는 뜻은
혼자 다 하지 않고,
조금 느리더라도
다른 이들과 함께 하도록 인도하고

기다려 주고
천천히 갈 줄도 아는 능력이라고
하시며,
가장 이상적인 지도자는
〈똘개〉일 것이라고 하셨습니다.
입가에 미소가 떠오르는
가르침입니다.

버리고, 비워야

실로 3일 사이네요~.
날씨의 변동이 너무 심해서
창문과 방문을 닫고, 발치에 두었던
얇은 이불까지 덮고 잡니다.

성 아오스딩 축일이며, 주님의 날~.
새벽비가 성당 유리창을 두드리며
내리고 있습니다. 침묵기도, 자유기도 시간이어서
이 자체로 참 좋습니다. ^^

어제는 하루종일
사무실 가구배치를 새로하고,
청소하는데 보냈습니다.
언제나 쌓아두고, 모아두고,
이일 저일 동시 다발적으로 하느라
주변에 물건이 많은 나의 삶.
한심한 습관,
한심한 태도를 깨어 버리고 싶습니다.
머리속에,
"내가 버린 죽는 다음
이 모든 것이 무슨 소용이 있는가?"
라는 질문을 계속합니다.

오늘도
마무리 정리 해야 하는데
좀더 과감하게
버리고, 비워야 하겠습니다.

남과 비교하느라
잃어버린 시간

내 눈은 늘 타인을 향해 있구나...
마음은 그것을 알아차리고
생각은 얼른 창문을 닫는다.

고개를 조금 숙여보자
마음을 깊게 들여다보자
아직 정리되지 않은,
이제는 일상이 되어 버린 어수선함.

남의 일에 참견하고
남들에게 잘 보이려 하고
남과 비교하느라
잃어버린 시간과 의욕

가만히 머무르며
기운을 차리자
내 시로, 제대로 살자.

왼손 신세

른 팔이
고장이 나서
왼손으로 연습해 봅니다.
쉽지도 마음에 들지도
않지만

최악의 경우엔
왼손 신세를 많이
져야 하겠죠?

진짜 휴식

이곳에는
Wifi 연결이 어려워서
메일 확인도
카톡도
카카오스토리
알맹이 밴드
다음카페
Facebook
Skype, 네이버블로거
인스타그램 등
모두 SNS의 기회가 차단됩니다.
진짜
휴식
Analogue의 삶으로
돌아옵니다.
좋습니다.
Florida주
Sarasota의
어느 주택 5층에서
바다를 바라보며
하얀 여백의 일기장을
푸른 잉크로 채우고
있는 지금여기 !!!

견뎌내는 일...

판단하지 않고
정죄하지 않고,
지적하지 않고

끝없이 참는다는 일은 쉽지 않습니다.
지금 제가 바칠 수 있는 희생은
이런 일들입니다.
나와 다름을 받아주고
견뎌내는 일...

행운은 가면을 쓰고 나타난다

인생은 늘 준비되지 않은 사건, 알 수 없는
일로 가득 차 있습니다. 때로는 그것이 즐거운
놀라움이 되고,
때로는 그것이 걱정거리가 됩니다.
누군가 말했다지요;
"행운은 가면을 쓰고 나타난다"고 —.

그 가면은 보통 우리의 기대를 채우지
못하고, 좀 부족하고 좀 마음에 안 드는 모습
으로 보여질 때가 많습니다.

그러나
〈잘 될 것!〉이라는 믿음, 조금만 참으면
더 나아질 수 있음을 아는 용기와 인내심이
모이면, 끝내 오랫작 웃을 수 있을 것 입니다.

제자리걸음

전쟁 같은 몇 일을 보버었습니다.
공격하고,
공격당하고
방어하고
회유하고
작전을 짭니다.

메마른 바람,
수건과 치마 자락을 흔들 만치
큰 바람이지만
하나도 시원하지 않는
한여름의 바람은
제자리걸음을 걷고 있는
내 마음 같습니다.

새로운 답

일기장의 종이두께가 얇아서
뒷장에 글자가 비치는 바람에
글을 쓰고 싶은 마음이 사라졌습니다.
종이 낭비도 많이 해서
미안하고,
그림이 비쳐서 불편하고...
그러다가 필기구를 바꾸어 보았습니다.
Paper mate, 모나미 펜...
신기하게 뒤에 비치지 않는 것을
보면서 각성합니다.
생각을 바꾸고,
도구를 바꾸어 보면
새로운 답이 나올 수 있습니다.
종이의 질,
펜의 종류에 따라서
의욕이 그네를 타는 나의 성격과
태도를 한번 더 돌아봅니다.
남탓 하기 전에
내가 바꿀 수 있는 것이 무엇인지
먼저
성찰 해야 하겠습니다.

헛소리

정확하게, 자세히 알아보지 않고,
짐작이나 정황만 가지고 말하면,
본의 아니게 거짓말이나 헛소리를
하게 된다는 것을 경험합니다.
조심해야 할 일입니다.

평화

한자의 위력과 심오함에
무릎을 치게 된다.
"입에 밥이 공평하게 들어가야
가질 수 있는 平和!!!"

몸의 하소연

일할때는 몰랐다
내 몸 곳곳에서 신음을 내고 있음을
기도할때는 꼭 들린다
몸이 몸살 앓는 소리를.
마음의 소리에
귀 기울여야 할 시간에
몸의 하소연에 쩔쩔맨다.
아,
이렇게 아프구나
몸이 늙어 갈 때에는....

빨간 기쁨

늦여름까지만 해도
손바닥만한 사루비아 모종을 옮기면서
들깨모종 같은 모습에 큰 기대를 하지
않았습니다.

그렇게 미국여행 2번, 전시회를 마치고
한 달이 지나, 다시 내 소임지로 돌아왔을
때 가을은 이미 우리 가운데 가득히
들어와 있습니다.

여름꽃들은 지고, 풍성하던 꽃밭 여기저기가
허전해 보입니다. 새로 돌아나는 분홍바늘꽃,
노란색과 주황색의 꽃이 얌전한 모습으로
모여 피는 금잔화... 겨우 몇송이 남아서
바닥에 몸을 낮추어 피는 도라지꽃,
길을 갖추지 못하고 겨우 살아남은
국화 몇포기... 그런 허전한 마음 나
눈빛으로 보는 정원이지만 사루비아의
붉은 꽃나 초록잎으로 꽉찬 화의될쭉으로
보이는 모습은 감탄사를 이끌어 냅니다.
"정말 잘 컸구나."
"지금, 이 깊은 가을에 가장 어울리는 꽃이구나"
라는 생각을 하며 바라봅니다.

고요한 오후, 햇볕 따사로운 볕,
꿋꿋하게 피어나는 사루비아 보는
기쁨. 오늘, 여기, 빨간기쁨.

추하다

정말 사랑한다면
가지려고 하지 말아야 한다
내 곁에 두고
내 것이기를 바랄 때
그 아무리 아름다운 사랑이라
할지라도
추하다

사랑의 빈자리를
고스란히
인정할 때
사랑이
머문다

끝이 아름답기를 기도한다
욕심 없는 마음으로 —.

여백이
있는 삶이
좋다.
여기도
그렇다.

새벽에 문득

눈이 있네!
볼 수도 있고,
귀도 2개 다 멀쩡하고
입도,
물을 삼킬 수 있는 목구멍도 고맙네.
두 발로 바로 설 수 있네.
손가락이 모두 제 자리에
있네...

너무 고마운 일이 많네.
너무 놀라운 일이 많네.

하나도 허투로 생기지 않은
너무나 당연하다고
생각하는 모든 것이
 놀라운 기적,
 거대한 사건,
가슴이 뜨거워지도록
감사한 일임을
알아차리네,
나의 의식이 깨어나네.

미국

눈아

눈아,
요즘 널 혹사해서
너무 미안해…
하늘, 꽃, 흙, 풀…
별과 노을
이렇게 좋은 것들을
많이 보고도
쓸데없는 것에
시선을 빼앗기고
시간낭비해서 미안해.
넌 내게 꼭 필요해.
너의 도움이
늘 고마워.
얼른 회복해서
반짝이면서도
웃음과 선의가
가득한 눈으로
돌아와줘 ♡!

알 수 없는 일

늘 뭔가 해야 하고,
가만히 있거나
아무것도 하지 않는 것에 대해
죄책감을 느끼는 일은
강박관념일까?
책임감일까?
일 중독일까?
알 수 없는 일이다.

나는 내가 좋다!

어느날
푸른색 아크릴 물감을
굵은 붓에 가득 묻혀
그야말로 붓가는 대로 그렸습니다.
뭔가 가라앉으려 하는 기분과 의욕에
소심해지려고 하는
나의 용기를 부추기는 그림을 그리고 싶었습니다.
둥근곱슬 머리에 기다란 목,
작은 얼굴과 커다란 눈,
미소가 담긴 입술,
푸르게 물든 볼...
그리고
서명 대신에 이렇게 썼습니다.
〈나는 내가 좋다!〉

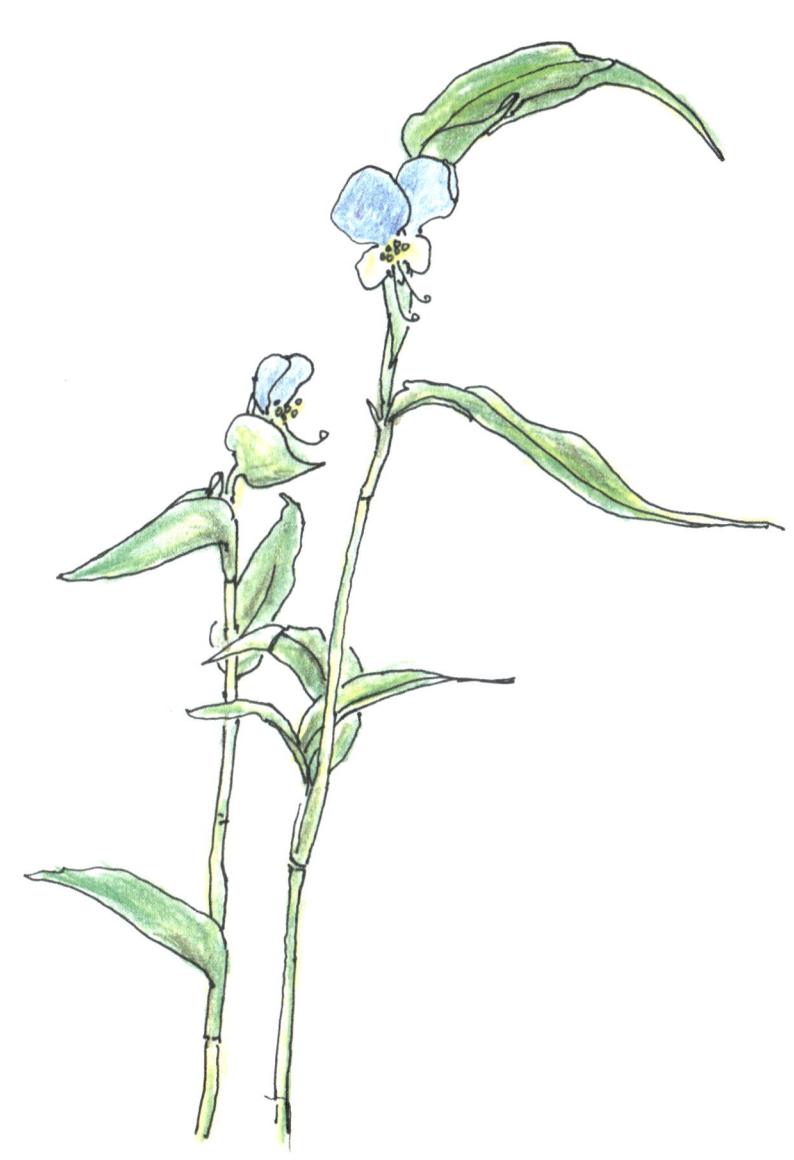

가슴에 별을 품자*

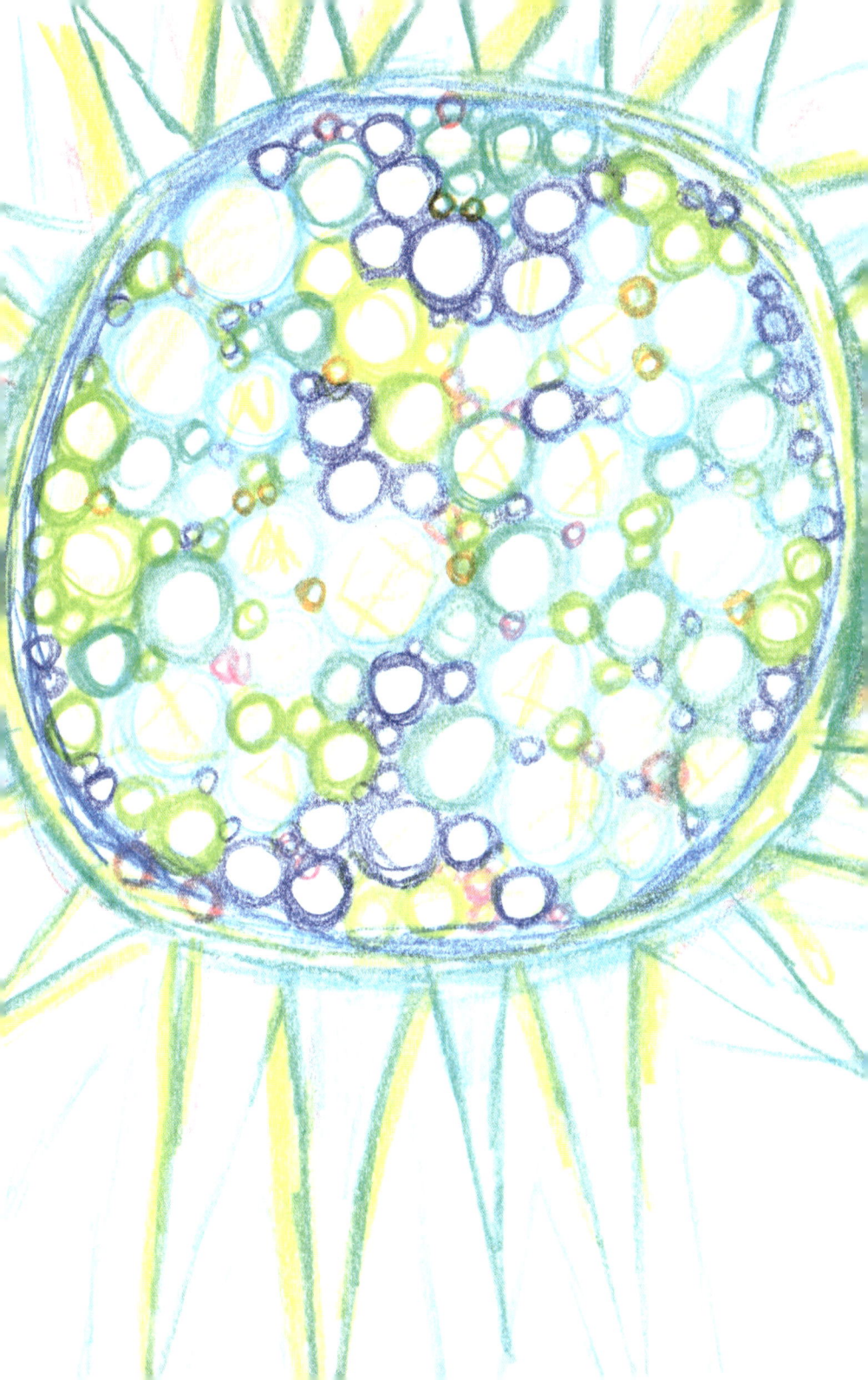

❁ 지금 여기, 감사할 일 10가지 ❁

1) 참 오랜만에 무지개가 뜨고 그 둥근 무지개를 오래 바라보았다.

2) 게으름을 극복하고 저녁식사 전에 소임장소로 갔다.

3) 옥수수, 얼음과자를 맛있게 먹었다.

4) 불편한 일 앞에 침묵하고 성당에 왔다.

5) 자주 전화기를 꺼둔다.

6) 집을 가득 채웠던 열매들이 기쁜 얼굴로 돌아가고, 다시 고요를 경험한다.

7) 〈나음보다 다름〉이라는 책을 읽고 있다.

8) 옛 습관, 나를 구속하는 이기적인 태도를 반성하고, 진짜 자유를 갈망하고 있다.

9) 사람이 아닌 하느님께 마음을 털어놓고, 해답을 찾고 있다.

10) 적당히, 견딜만한 더위와 성당공기가 감사하다.

✿ 지금 여기. 감사할 일 10가지 ✿

향기

더 짙어지고
더 향기로와서
어둔 밤, 뜨락을 걷다가
발길을 멈추게 하는 향기 앞에서

"아, 여기에 분꽃이 있지!" 하고
감탄하는 일처럼,

우리 안에 살아
드문드문 고마움에 눈뜨게 합니다.

선물처럼 바람처럼 물처럼

다른 사람들은
태평한데
난 왜 늘 걱정으로 조마조마할까?
지금 여기의 일만해도
넘치도록 무거운데
왜
바다건너 어떤 일,
어떤 누구,
어떤 상황에 대해
부정적인 연결을 하고 있을까?
믿음에 의해 살아 닳고,
믿음 덕분에
덤으로 살고 있는 나
거저
선물처럼,
바람처럼
물처럼
그 누구도 거스르지 않고,
그 누구도 아픔에 닿지않고
잠시의 이 세상
지나갈 수 없을까?
그의 손에 맡기고 ─.

진짜 파라다이스

온두라스 미사의 4번째 아침입니다.
작은 나라인데,
참 가난한데,
우리는 파라다이스 안에 있는 것 같습니다.
아이들이 참 예쁘고 조용합니다.
흑인부터 하얀 피부까지
온갖 혈족이 다 모인듯 한데,
아침 미사 중에 시편기도를 노래하는
중학교 3학년 여학생의
차분하고 아름다운 목소리는
여지껏 들어본 어떤 노래보다
아름다웠습니다.

물이 너무 좋아서
세수할 때 일부러 타월을 가지고
얼굴을 닦아 버리지 않으면
비눗물이 없어지지 않을만큼
미끄럽습니다.

식사는 하루 2번만 하는데
배가 고프지 않습니다.
이상합니다.
진짜 파라다이스인가요?
제가
어느 새
천사가 되어 버렸을까요?
하하 ^^

그대로 두자

오늘은
어쩐지
누군가가 멀어지는 느낌을 받았습니다.
어쩌면 가깝다고
오해해서 생기는 기분일지
모릅니다.
멈칫 멈칫 하면서
다가올 것을 경계하는 사람을
알아차리는 아침...

그가 떠났는데
마음에 남는
서운한 느낌에
머리를 두어번 흔듭니다.

그대로 두자.

결국 인간인,
끝내 사랑인 그를
보내자
한번도 머물지 않았던
사람을...

칭찬ㅎㅎ

동그란 얼굴의 A 수녀님이,
수녀원에 들어와서
처음으로
저와 면담을 하고
끝마무리 하면서
수줍게 웃으며
말합니다.
〈수녀님이 너무 무서웠어요...〉
눈빛이 너무 차가워서
만나면 무슨 말을 할 지
두려웠는데
동료 수녀님이 등을 떠밀며
말했답니다.
〈괜찮아,
  그 수녀님 굉장히
  인간적이야...〉

흠흠
칭찬 들었다고 해야겠지요?

프리 허그

점심 식사 후에
집안에 있는 화분에 물을 주고,
화단의 시든 꽃들을 자르고 있는데
수업준비를 위하여 이동하던
여학생 몇명이 갑자기 두 팔을
벌리고 달려듭니다.
순식간에 20여명이 줄을 서서
Free Hug 시간이 되어 버렸습니다.
이제는 저도 압니다.
아이들의 겉이 밝다고 해서
안 까지 밝은 것은 아닙니다.
아무렇지 않아 보여도
더 섬세하고
따뜻하고
진지한 보듬음이 필요함을 —.
마음과 기분과 정신,
믿음과 삶 전체 안에서
아이들을 바라보고
그들의 필요를 채워주고
자주 안아 주고
격려해 줄 때
꽃밭에 옮겨 심은 꽃나무가
자리 잡듯이, 뿌리에서 새싹이
나와 튼튼해 지듯이
아이들도 성장 할 것입니다.

그것은 네 말이다

가끔,
조금만 참고 기다려 보면
순전히 〈내 생각, 내 오해, 내 상상〉
일 뿐이었다는 사실을 확인하게 될
때가 있습니다.
특히 그것이 부정적인 것일 때
더욱 그렇습니다.

예수님은
빌라도가 예수님에 대해서 정죄할 때,
〈그것은 네 말이다〉
라고 하셨습니다.
그것은 그의 말이고,
그의 생각이고,
그의 판단일 뿐입니다.

하느님의 큰 그림을 이해하지 못하고,
점하나에도 미치지 못하는
내 생각, 내 능력으로
얼마나 성급하게
미워하고, 오해하고
감정이 격해집니까?

주님,
저로 하여금
오래 참게 해 주십시오.

걱정

감사할 일이 많고,
나의 자리로 되돌아와
모든 것이 가까이 있고
익숙한데도
알수 없는 불편함과 한숨,
무기력함과 의기소침한 기분이
들쑥날쑥 합니다.
지도자에게 마음을 털어 놓고 나면
그 전前 보다 더 못한 기분이
되어 버립니다.
<공감>이 이루어 지지 않고,
무작정 <참아라, 견뎌라,
그렇지 않다면 너는 이미 더
엉망이 였을 것이다> 는 속터지는(ㅅㅅ)
조언은
세대차이를 느끼게 하고,
마음을 담아 버리고 싶게
만듭니다.
우리는 정말 성장, 변모
그리고 도약 할 수 있습니까?
걱정이 스며드는 밤입니다.

답이 있나요?

"왜 딴데를 봐요?
나만 보겠다 해놓고...
왜 딴 사람을 사랑해요?
나만 사랑하겠다 해 놓고..."

어차피
처음부터
지킬 수 없는 약속을 하고
그 멍에 안에서 몸부림 칠 때,
스스로는 절대 찾을 수 없는 매듭을
찾다가
실뭉치 전체를 던져 버리고
싶을 때...

가만히 멈추어 보세요.
그냥 가만히 있어 보세요.
마음의 호수가 고요해 지면
거짓의 먼지와 지푸라기들이
수면위로 떠오르면
그들을 지켜보세요.
내 것도 있고,
그의 것도 있고
우리의 것도 있지요!

이제 어떻게 해야 할까요?
지금당장 건져 낼 수 있는 것부터
끄집어 내어 볼까요?

참 멋진 사람들이
결혼 생활에서 갈등을 느끼고
외로움하고,
자녀들에게 마저 지울수 없는 상처를
남기며 가정이 깨어질 위기앞에
깊고 깊은 고통을 느낍니다.
그들을 보면서
확신하게 됩니다.
〈사랑은 변하는 것〉이라고 _.
분명, 이 〈사랑〉은 온전한의미의 사랑이
아님에도 불구하고,
수 많은 이들이
한 때 설레여 하고,
오래 잠들지 못하고,
구름위를 걷는 경험을 했을텐데
그런 사랑의 유표기간이
너무 짧음것이 사실이라서
그 끝을 알면서도
스스로 장님이 되고
벙어리가 되고
귀머거리가 되어
〈사랑〉만 갈구 합니다.

너무 흔한 이야기, 너무 흔한 엔딩을
알고도 〈나는 다를거야...〉라는 최면은
결코 그불속에 뛰어드는 시초.

답이 있나요?

빈둥빈둥
미국에서 임시소임하는 중

토요일…
잠옷 그대로 하루종일 빈둥빈둥 놀아본 날이
얼마만입니까?
수녀원에 들어와서 휴가 기간에 친정에서
보낸 날들을 빼면 처음입니다. 흐흐.

놀라운 기쁨

새벽에 늦게 일어 났습니다.
어젯밤 12시 까지 카페에 사진 올리고
메일 쓰고…
시차적응 안되는데도
이불을 뒤집어쓰고 잤습니다.
쓴 커피로 아침식사를 대신하고
성 매리 성당에서 8시 미사참례
했습니다.
어느덧
정원에는 새빨간 튤립들이 피어납니다.
처음엔 벚꽃, 수선화, 팬지,
목련이 흐드러지게 피어서
꽃눈을 떨구기 시작하니
어느틈에 불쑥올라온 튤립들이 얼굴을
폅니다.

놀라운 계절입니다.
놀라운 기쁨입니다.

큰 사랑에 기대어

어쩌면
사랑한다는 말은,
미워할 때도 있을거야,
다른 사람 쳐다 볼때도 있을거야,
함께 있을 때 보다
홀로 있을 때 더 자유롭고
편하게 느껴질 때도 있을거야,
상처 줄거야.

힘들거야…
그래도 지금 여기에서
내가 할 수 있는
최고의 선택은
그냥
<사랑>이야…
그 모두를 품을 수 있는
큰 사랑에 기대어 사랑한다 말
우리의 ending은 괜찮을거야.
고맙고 눈물 나겠지.
끝에 설 수 있어서.
그런 사랑해야지.
우리 둘을 이어주는
큰 사랑에 쉬고, 기대고, 힘을 얻는
그런 사랑—.

공주방

참고 소녀의집에는
Jase V 라는 다섯 번째 건물이 있습니다. 굉장히 단순하고
소박하게 지어졌지만 제가 디자인한 건물이어서
애착이 갑니다. 부족했던 드레스메이킹 실습실과
옷감창고 작은 기도방, 졸업생 기숙사로 구성되어 있고,
3층 한 모퉁이에는 <꿈의방>, 이세시리아와는
<공주방>이라고 부르는 방이 있습니다.

그방 입구는 상당할수 있도록 작은 공간이 있고
그곳을 지나 방으로 들어가면 창문이 있는 방과
샤워실(목초+), 세면장, 리넨실이 있습니다.
샤워실과 세면장 위로 난 작은 창들을 통해
낮에는 푸른 하늘, 밤에는 두둥실 떠오르는 달과
달빛, 오후에는 기막히게 아름다운 석양을
볼 수가 있습니다. 그 방에 머물면서 10년전에 지은
이 공간에 특별한 고마움을 느낍니다

10년전에 비하면 주변의 소음도 많이 줄어든 것
같습니다. 다행입니다.

이곳에는 현재 졸업생직원 16명이 거주하고 있습니다.
풋풋하고 오동통하고, 작고 겸손하고 단아한 처녀들 ^^
저녁 늦게 간식을 먹으며 함께 먹자고 초대합니다.
지나간 이야기도 나누고, 앞으로의 이야기도 합니다
시간 가는 줄 모르고 ...

한때 이곳에 머물다가 공부를 끝내고
전교사가 되어 있는 졸업생들이 나의 이야기를
한다고 합니다.

한가운 시인의
<지나간 것은 아름답다. 따가을 문드러짐도 아름답다>라고
한 말이 공감되는 순간입니다.
아름다운 추억을 갖도록 배려하신 나의 17년,
선교사의 삶 19년 (total)에 감사드립니다.

어느 날의 유언

저의 첫순간 부터
마지막 시간까지
베풀어 주신 모든 은혜에
감사드립니다.

충만하고,
성실하고
한결같고
행복하게 살게 하신 모든 여건,
환경, 함께하는 수도형제들,
사랑하였던 모든이들,
고마운 시간들에 감사드립니다.

여한이 없는
이 시간,
두려움 없는 끝에
감사드립니다.

사랑에 서투른 점,
저의 부족함,
미완성의 모든 것에 이해와
용서를 청합니다.

정화의 시간을 잘 견디고
나의 창조주와 하나되는 날 부터
항상 여러분을 위하여
기도하고 함께 하겠습니다.
평화를 전하며 goodbye...

"하느님이
일하시도록—."

걱정하기 보다
기도하고,
불평하기 보다
협력하면서,
절망의 순간에도
희망하고
노력하고,
기도하고
또 기도하기—.

엄마 없는 크리스마스

엄마 없는
첫 크리스마스다.
문득 미안한 마음이
목구멍까지
치밀어 온다.
늘 기다리게 하고
늘 그리워하게만 해서...
"엄마, 하늘 나라에서의
 노엘, 좋은가요?"
떠나보낸 지 25일 만에
진짜로
뜨거운 눈물을 흘린다.
엄마...
아버지와 나와 하느님과
연결되어 있는
우리에
위안 받으며 ——.

소중한 사람

지금여기의 나에게
슈요하고 소중한 사람은 누구입니까?
가장 가까이 있는 사람,
언제나 고마운 사람,
늘 배움이 있고,
나눔이 가능한 사람,
나를 필요로 하는 사람....
그리고 그 모든 사람들에 앞서
내 생명이 연결되어 있는 존재.
주님, 나의 하느님.

봄이 우리 속에 있다

워싱턴 하늘 아래에도
자목련과 백목련이
가득하다.
땅이란 땅에서는
수선화와 히야신스가
순식간에 돋아나
노랗고 하얗게
분홍과 보라로 꽃피어 난다
잎새 하나 남기지 않은
나무들 위로
하늘은 손을 들어
크레파스로 문지른 듯이
하얗게 노랗게 푸르게
그리고 화사한 핑크로
색을 입힌다.
봄이 우리 속에 있다.
우리 속의 봄과
마주치려 한다.

당당과 교만

저는 머뭇거릴 줄 모릅니다
결심이 서는 그 순간
바로 행동합니다.

누군가는 그 모습을
당당하다 하고
누군가는
교만하다 합니다.

저는 제가
당당한 지
교만한 지
알지 못합니다.

그날 그 시간
나의 속을 보시는
그분 만 아십니다.

당신을 위하여 기도합니다

누군가를 사랑한다면
그를 위해 기도 하는 일 만큼
온전한 사랑은 없습니다.
내가 할 수 있는 행동, 말, 생각은
제한적이고,
감정적이고
굴곡이 넘나듭니다.

온전하고
완전하고
흘러넘쳐도 무너지지 않는
커다란 사랑의 주인이신
하느님께
겸허한 마음,
따뜻한 마음,
간절한 마음을 담아
기도 하는 일,
이 보다
값진 사랑은 없습니다.
그러므로
나의 메세지는 늘 :
당신을 위하여 기도 합니다.

불금

사람들은
주말에는 꼭 쉬고,
불타는 금요일을 기대한다.
여름에는 피서를
겨울에는 겨울바다 와 스키장에
간다.
봄에는 벚꽃 나무 아래서
사진을 찍고
가을에는 단풍 우거진 숲길을
끝없이 걷는다.

사람들이 좋아하는 것을 포기하고
사람들이 하기싫어 하는것을 하고
복종안에서 자유를 누리는 나는...
다르게 산다.
휴일도 휴가도 없고
갈 곳도, 살 것도 없이 사는 나는...
매일 조금씩 나의 방식 대로 쉰다.
세상이 주는 즐거움 너머의 즐거움으로_.

참 자유

성탄이 코 앞으로 다가오고 있습니다.
알렉시오 신부님은 우리가 아직 단성되지
못했고, 더 많은 용서가 필요하기 때문에
해마다 예수님이 다시 태어 나신다고
하십니다. 우리 사랑하셔서 인간이 되시고
십자가에 죽으시고 부활하신 주님의 길 -.
이해하기 어렵습니다.
왜 우리는 단 한번에 비상하지 못하고,
흙탕물 속에 머물며,
그 자유 아닌 구속을 더 좋아하고
쾌락과 욕망을 주인으로 섬기나요?
인간의 길은 어찌하여 이렇게 불안불안하고
희로애락의 파도타기를 하게 하시나요?
나를 포함해서 아이들을 생각하면
걱정에 짓눌립니다.
내가 세상을 다 구원 할 수 없습니다.
그렇지만 우리손에서 자라고 있는 아이만은
세상을 제대로 살아가고
자기나 이웃을 존경하고 존중해야
참 자유를 누릴 수 있음을 깨달았으면
좋겠습니다.

내가내가 병

서울에서의 새 아침,
더 열심히, 더 오롯하고 거룩하게
살지 못하고,
주심이신 하느님을 자주 잊고자는
나 자신에게 한심함을 느끼면서
성당에 앉습니다.
<복수와 용서>에 대한 말씀, 강론을
들으면서 내 마음 안에서 꿈틀거리며
주섬주섬 꾀잡고 아니는
부정적인 생각들을 의식하고 있습니다.
<나·나·나>
<내가·내가>병에
쉽게 감염되는
오만하고 어리석은 존재이기에
주님은 세상의 눈, 사람들로 하여금
나를 잊게 만드시는 것 같습니다.
얼마나 다행입니까?
겸손의 송가에서
아침마다 낭하는
수 많은 기도가 생생한 응답이 되어
돌아오고 있어서
고맙다는 생각이 가득 차는
아침입니다.

ego

알아차림이 없는 나날이어서
충만함도 기쁨도 없이
상처 받는 ego만 계속 들추어가며
들여다 보고 있습니다.
누구의 이해, 누구의 칭찬, 격려 때문에
여기까지 오지 않았는데
그 중에 몇개 빠진다고 해서
"힘 빠진다, 의욕없다, 열심히 살 필요 없다"는
생각에 사로잡혀 있습니다.
격증의 시간에 있는 나...
사랑을 통하여 사랑하시는 하느님,
사랑안에 계신 하느님을 믿지만
사랑안에 100% 믿을 필요가 없음을
배우면 그만 입니다.

큰 사랑의 주님,
죄인인 저를 불쌍히 여기시고 도와주소서.

벙어리 3년

10여 년 전에
소품가게에서 발견한 천사들이 아직도
창고 공동체 수녀원 그릇장 위에 놓여 있습니다.
수녀원 식당은 공동체가 모이는 유일한 장소
이기에, 다소 어울리지 않는 모습으로 있어도
천사들이 주는 메세지가 아름다워서
괜찮습니다.

긴 드레스를 입은 예쁜 천사들은 의자에
앉은 자세를 하고 하나는 손으로 입을
가리고, 둘째는 귀를 가리고,
셋째는 눈을 가리고 있습니다.

한국에서 많이 듣던 조언, 시집살이
하러 가는 딸에게 엄마가 들려주는
말 ; 벙어리 3년, 귀머거리 3년,
봉사 3년의 시간을 견뎌 내어야
한다고 한 말이 생각 났습니다.

수도생활도 마찬가지 입니다. 3년이라는
시간은 1000일이 넘는 시간입니다. 3000일을
인내하라는 뜻입니다. 그 정도 참고 나면
성인이 되어 있겠지요. 그 긴 시간을
한결 같이 살아낼 자신이 없어서
저는 쉬운 방법을 택합니다.

248

바보같은 사랑

주님의 수난일 입니다.
2016년 성주간은 예수님의 마음과 고통,
무기력함의 터널 속을 지나가는 힘겨움이
함께 한 시간이었습니다.
인간의 생각과 계산으로는
이해되지 않는 상황이고,
견디기 힘든 답답함이지만
믿음의 눈으로 보면,
예수님의 고통,
바보 같은 사랑,
자비 덩어리이신 아버지의 마음을
공유하고, 살아 내었던 시간이었습니다.
아직도 빛 보다는 어둠이,
확신보다는
망설임과 두려움이 앞서는 순간을
붙들고 있습니다.
예수님의 고통에 동참하고 있으니,
예수님의 부활도
함께 누릴 것을 믿으며
이 진한 어두움,
이 깊은 침묵속에
믿음으로 머뭅니다.
주님, 우리의 손을 놓지 마소서.

약속

좋은 것만 보겠습니다
좋은 책만 읽겠습니다
좋은 생각만 하겠습니다
도움이 되는 말만
하겠습니다.
먼저 행동하겠습니다
비교하지 않겠습니다
뒷담화 하지 않겠습니다
이웃의 아픔에 공감하겠습니다
눈물도 많이 흘리겠습니다
추하고 천하고
헛된 것 앞에
눈을 감고,
귀도 흘리고
혀도 침묵하겠습니다
제 눈을 맑고 밝게 지켜주소서.

용감한 겸손
겸손한 용기

모두를 다 챙길 수 없고,
모든 일을 다 할 수 없을 때 —
무기력함을 탓하기 보다
할 수 있는 만큼은 하고,

그 다음은
하느님의 손길과 뜻에
온전히 맡기기.
평화를 유지하고
믿음을 실천할 수 있는
좋은 기회 앞에
의탁과 감사의 기도 드리기...

희망의 빈 바구니

온갖 사랑의 샘이신 주님,
저는 자비롭지 않지만
자비로운 사람이 되고 싶습니다.
온갖 곡물과 보화
삶을 풍요롭게 하는 것들로
가득찬 곳간을 열고
마음씨 착한 일군들이
웃는 얼굴로 기다리고,
희망의 빈 바구니를 들고
자신의 차례를
기다리는 사람들에게
아낌없이 베푸는
주인의 마음으로
넉넉하게,
다시는 부족하지 않게
가진 것을 나누는
그런 마음으로
살아가는 제 영혼이 되게하소서.
주님, 나의 하느님 ♡.

참고마운 지금여기

1. 성당에서 홀로 어우는 이 시간
2. 10만평 정원을 돌며, 정리하고 마음이 개운해지는 노동 후의 기쁨
3. 여학생 3천명에게 특강할 수 있는 기회
4. 3개국어를 불편없이 할 수 있도록 주어졌던 기회와 혜택 알아차림
5. 어떤 음식이든 잘 먹고, 적당히 먹으려고 하는 태도
6. 걱정거리가 있지만 너무 걱정하지 않고 하느님의 자비에 의탁하고 있는 中
7. 깊이 잠들지 못했지만 불편하지 않음
8. 여유
9. Luis Altemio 주교님의 우정
10. 나를 믿어주는 둔형제의 배려.

성호

성호를 긋는다.
왼손은 가슴에 얹고
오른 손 손가락을 가지런이 모으고
이마에 댄다.

　　　성부
　　　　와

팔을 내려 명치에 댄다.

　　　성자와

그리고 이어서
오른쪽 어깨와
왼쪽 어깨를 이어준다.
　　　성령의
　　　　이름으로
두 손을 모은다.
　　　　아멘.

성호를 그으면서 배운다.
아, 이렇게 나부터 먼저
축복하시는구나. 당신과 하나되게
하시는구나....

편지

아무 향기도 없는 것이
제 향기예요

가진 것이 없어도
줄 수 있는 것은 많아요

아기 장미 두 송이
아스파라가스 잎새 두 가닥
하얀 종이 상자 위에
얌전하게 붙이고
정성껏 쓴
편지 한 장
고이 접어 넣었어요

많은 말 하지 않아도
세상의 도구는 사용하지 않아도
저의 침묵과
조촐함이
당신의 마음을 두드릴 것입니다

나의 전부를
받으시겠지요.

— yormeidi 수녀님의
편지를 받고.

오늘 같은 날

봄비가 촉촉하게 내리는 날,
날씨는 많이 흐리지만
마음속에는 다시 빛줄기가 내려 앉고,
어제 저녁부터 불편 하던 속 상태도
잠잠해 졌습니다.
아침 8시 미사 후에 시작하는 새 업무.
창가에 부딪히는 빗방울과 빗소리‥
억눌이 풀린것 같은 아침에
감사 드립니다.
오늘 같은 날은
푸른 수국을,
그리고
똑딱이 줄아올라 조용히 피어나는
붉은 튤립을 그리고 싶습니다.
마음에 차오르는 감사와 기쁨 과
안도감에 머물며…

몸살

몸살기운이 쫄쫄?
구일 기도 중이라
밤중에
일어나
기도함.
시커먼 옷
뒤집어쓰고...
끙!!.

아무 힘도 없는 이의 기도

문득
생각합니다.
내 기도가 무슨 힘이 있을까?
알지도
밝지도 않은 내 영혼,
나의 삶...
자신감이 하나도 없는
지금 여기,
허공을 향하여 드리는
이 기도가
속절없이 여겨지고
안개 속에 서 있는 것 같은
느낌이 듭니다.
진짜지-
내 기도에는 아무 힘이 없습니다.
나의 눈은 불신으로 탁해지고
내 마음은 방향을 잃고
있습니다.

아무것도
자격도 업는 이의 기도이기에
그것은
진짜 기도이고,
그 기도를 들어주시는 분이
진짜 하느님이라는 사실을
이제야 알게 되었습니다.

안도감

엄마가
이 세상에 없고
하늘나라에 계시다는 사실을
기억할때 마다,
슬픔보다는 홀가분함이 느껴지고,
앞으로 나에게 어떤 일이 생겨도
걱정하지 않아도 된다는
안도감이 있습니다.
형제들에 대한 마음은 다릅니다.
이제 그들의 삶은 그들의 몫입니다.
자기자리에서 잘 살기를 기도 하지만
엄마의 존재 만큼 나의 생각과
마음을 앗아 가지는 않습니다.
나의 숨이 허락하는 그 순간까지
〈온통〉온 마음, 온 힘, 온 열정으로
사는 것 외에는
남아있는 숙제가 없는것 같습니다.
주넘, 감사 드립니다.

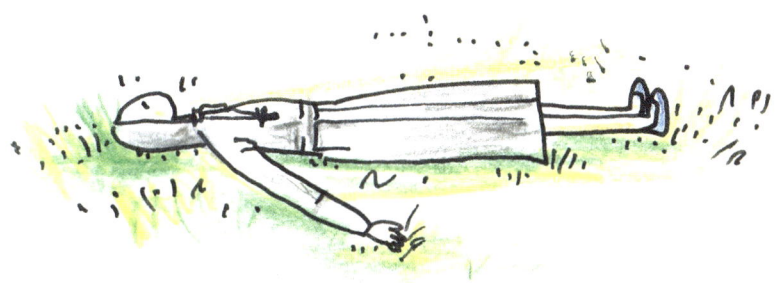

과달루페의 성모님

〈스승님께서 하시고자 하시면,
 저를 깨끗하게 할 수 있습니다〉.

찬바람이 부는 할코의 새벽입니다.
잠자리가 바뀌어서 다시 잠을 설쳤지만
주어진 시간을 알뜰하게 써야 한다는 생각에
마음을 다잡고 생각을 모읍니다.
경쟁심. 비교심에서 비롯되지 않고,
온전히 공동체의 일원으로서 내가 할 수 있는 일을
꼭 필요한 곳에, 지혜로운 방법으로 하고
싶습니다.

사랑이신 주님을 manifest 하고,
소박한 형제들 안에서 크신 주님을 알아보고
작고 평범한 일도 정성껏 할 수 있도록
자비와 인도를 청합니다.

과달루페의 성모님.
오늘 여기에서
당신과 일치합니다.
저를 도와 주소서. ♡.

애초에 나였음을...

첫 새벽
성당에 오면
작은 수첩을 꺼내어
마음에 떠오르는 많은 이름들을 적습니다.
누구의 이름은 아픈 마음으로
누구의 이름은 눈물을 담아
누구의 이름에는 그리움을 느끼며
어떤이의 이름에는 고마움이 뭉클하고,
영문을 알 수 없이
불쑥 기억나는 이름도 적습니다.
나를 비난하던이,
사사건건 마음에 들지 않던
가시 같았던 사람의 이름도 적습니다.
아무도 기억하지 못하는,
잊혀졌던 이름도 떠올립니다.
누군가의 기도를 간절히 청하고 있을
사람을 위안하고 응원하는 마음을
담아 떠올립니다....
〈타인을 위한 기도〉라고 적힌 작은
수첩은 어느새 몇개나 바뀌었습니다.
그런데 문득, 오늘 새벽에 깨달았습니다.
이 세상에는 〈타인〉이 없음을 —.
내가 사랑하고 매달리며 의탁하는
〈그분〉과 연결되어 있는 모든 이들은
애초에 〈나〉였음을 —.

기도발

윗사람 눈치 보는 일,
비위 맞추는 일, 맘에 없는 소리 하는 일 …
내가 정말 싫어하는 이런 종류의
행동을 강요당하며
소임을 해야한다는 사실이
너무 싫어서
성당에 앉아서 하소연 했습니다.
그리고 사무실에 와서
그 공무원 이름을 검색 하니,
며칠 전에
그분의 근무처가 바뀌었다고 합니다.
우리 부서에는 다른 사람이 배정되어
있었습니다.
원장수녀님은
우연의 일치라고 하셨지만
제게는 기적 같은 일입니다.
너무 고마운 일 입니다.

그 가벼움
그 텅빔

집안에 있는
육상트랙을 돌며
묵주의 기도 15단을 바친다
어둠 속,
고요 속에서
걷고
기도할 수 있음이 고맙다
기도 중에
이 사람
저 사람을 떠올린다
나의 기도가
그들에게 도움이 되기를
빌며...
내가 다 책임지지도,
일일이 끼어들지 않아도
되는 삶;
그 가벼움
그 텅빔에
그윽한 고마움을 느끼며...

지금 여기, 감사할 일 10가지

1. 새벽 성당 안의 고요함
2. 모여 있으면서 개인기도 하는 이 자유로운 한 시간
3. 온전하지 못하고 약함이 많은 자신을 알아차리면서도 실망하지 않음
4. 발 끝에 느껴지는 차가운 공기
5. 무주의 구일기도 셋 째날... 잘 시작했다는 생각
6. 타인을 위한 기도 지향을 쓰는데 170 여명의 이름이 순식간에 수첩의 한쪽을 메움.
7. 깨어 있음
8. 타협하지 않고 규칙 지킴
9. 깨끗한 향기의 겉옷
10. 아직도 노력하고 있는 내 영혼.
So, Thank you !!!

지금여기 감사할일 10가지

요안나 수녀님

요안나 수녀님,
오늘 유난히 작아 보여서, 창백해 보여서
가슴이 철렁 내려앉았습니다. 주님의 큰 힘이
수녀님을 강하게 하시도록 기도합니다. ♡ 해요!!!

고맙습니다

멕시코에 있는데
아무 생각도 없이 사는
나에게 문자가 왔다.
"오늘이 수녀님 엄마
 49재 지요?" 하고 —.
고마운 마음, 미안한 마음
은혜로운 마음이 가득하다.
자비의 하느님,
놀라운 사랑, 고맙습니다. ♡

어떻게 해야 합니까

날짜 가는 줄을 몰라서
몇번씩 손가락을 꼽아봅니다.
언제였더라?
마음도 일상도 무질서의 가운데 있습니다.
만나는 사람마다
일 조금씩 하라고 합니다.
다른 사람에게 나누어 주라고 합니다.
그런데 저는 모르겠습니다.
어떻게 해야 하는지 ...

모두들 저의 등을 떠밉니다.
수녀님 뿐이야,
수녀님이 해야 해.
수녀님이 있어야 해 ...

주변을 둘러봅니다.
누구의 도움을 받을 수 있습니까?
어떻게 해야 합니까?

방에서도
사무실에서도
불안감에 사로 잡혀 있습니다.
어떻게 해야 합니까?

꿈꾸는 일은 늘 즐겁습니다

맑고 밝은 토요일 오후입니다.
아이들이 빨아서 널어놓은 옷들… 10,000 가지
옷들이 잔디위에, 나무사이에, 가지런히
전지해둔 향나무위에 넘쳐나고,
햇살 받아서
고운향기 내며 마르고 있습니다.
햇볕이 고스란히 들어오는 내 방에서
보내는 오후는 길게 느껴집니다.
청소하고
쓰레기 비우고
메일 검색을 하고 나도 여전히 따뜻하고
밝은 햇볕이 머물러 있습니다.

오전 미팅에서는
기초설계를 위한 장소배치하는 미팅을
했습니다.
〈꿈꾸는 일〉은 늘 즐겁습니다.

초중 잎다
졸업생 모임에 다녀올 예정입니다.
우리집 1 기생들…
주님께서 그들을 통해
큰 일을 하시기를 기도합니다.
주님은 찬미 받으소서.

어떻게 사랑해야 하나요?

언제나 나보다 좀 부족한 것 같고,
작은 실수가 드러나고, 때로 또한 건방지게
보이고, 마음에 들지 않는 이 사람...
어떻게 사랑해야 하나요?
나의 사랑, 나의 의지, 나의 노력으로는
불가능한
이 대단하고, 가치있고, 커다란 사랑은
당신의 온전한 사랑에 나를 맡길 때에
가능해 집니다.

당신이 주도하고, 움직이고 속에 설 수 있도록,
약하고 작은 아이처럼 의지하는 일 뿐
입니다.

그 기도 안에서,
기도의 은총으로
나도 바뀌고, 내 이웃도 바뀐 것입니다.

주님,
제 앞에 장애물을 두고,
저의 작고 부족함을
다시 알게 하시니 감사드립니다.
죄인인 저를 용서하시고
도와 주소서.

온전한 사랑이여!

알 수 없는 하느님

예수님,
알 수 없는 하느님,
오직 믿음의 눈으로
당신의 이름을 부릅니다.
저의 머리카락도 세어 두시고,
저의 발가락 모양까지
아시며,
저의 처음과 과거
그리고 지금을 꿰뚫어 보고 계신 주님,

저를 향한
당신의 뜻은 무엇입니까?

저는 자주 의심이 들고,
자신감이 떨어지고
어디를 향해서
가고 있는지
알지 못합니다.

주 예수님,
저도 제 마음에 들지 않는데
당신은 어떻게 견디십니까?
주님,
당신의 마음을
보여주소서.

타인을 위한 기도

누군가를 위하여
기도할 수 있는 행복.
시간과 공간이 멈추어
버리는 체험
내가 기억하고 아끼는
사랑이 이토록 많을 수 있음이
놀랍고 기쁘다.

후원회 Staff
AMERICA
은인
LATIN AMERICA
돌아가신 분들
Father
환자
3회 가족
수도형제
Europe
선교사들
필리핀
학교 관계자 그리스도회
로마
SEOUL
BUSAN
가족
박씨네
엄마
세계 공동체
아이들
KOREA
호주
열매
친구
CHINA
기업인들
내가
최고의 행복을
누리는 시간

날개짓 하게 하시고
가끔은 그 날개를
꺾으시고
꿈꾸게 하시고
벽에 부딪히게 하시고
자유의 맛에
익숙해질 즈음에
구속의 숨막힘을
체험하게 하는
당신,
저를 도와 주소서.

고통 없는 날

저에게 고통 없는 날은
어떤 날일까요?

- 상쾌한 기분으로 잠에서 깨어난다.
- 침대아래에 무릎을 꿇었는데
  바닥이 차지 않다.
- 마음을 도닦아 새 하루에 감사하고,
  새 하루를 부탁한다.
- 세수하고 거울을 보는데 눈빛이
  흐릿되지 않고, 눈두덩이가 붓지 않았다.
- 준비를 다했는데도 아직 새벽 5시 30분이다.
- 성당에 왔는데 개인기도 시간이 남아있다.
- 수녀님들의 기도소리가 조화롭고,
  주변이 고요하다.
- 아침식사 보다, 함께 앉은 수녀님들의
  밝고 가볍고 친근한 태도가 좋다.
- 식사후 청소, 한 잔의 커피,
  정원의 꽃들이 물에 흠뻑 젖어
  행복해 하고,
  미사를 위해 들어 오시는
  수녀님들의 얼굴이 밝고
  행복하다.

이별

수녀님 한 분은
마지막 시간을 기다리며
자신 만의 방법으로
세상과 사랑들과
이별하고 있습니다

Fidel 신부님은
수녀이기 이전에
사람이 되어야 한다고
설파 하셨는데

수녀복입고
50년을 살고
300여일 남짓
떠날준비를 하시는
작고 귀여운 모습의
수녀님.

우리의 끝,
나의 끝은 내가 디자인하고
그 시간은 당신께서
알려 주실 것 입니다. 조금더 cool 하게
이별하고 싶습니다.

12월 30일

12月 30日 맞죠?
어느덧 끝에 섭니다.
고마운 마음이 차오릅니다.
주변의식하지 않고
오롯이.
환경도 이웃도 탓하지 않고
지금 이 모습대로
유순하고
겸허하게
말할 수 있습니다.
참 고마웠습니다. ♡
나의 주님,
나의 하느님.

사랑으로 닮아 가는 일

언제 어디서 무엇을 하든지,
누구를 만나든지,
이 일과 이 사람이
내 생애 마지막 기회의 주인공이라고
생각하면 정성과 애틋함이
가슴을 채웁니다.

그런 자세로
삶을 살다 보면,
자주 고단하고,
피곤해집니다.
온전히 쓰여지고,
온전히 투신하고
집중한다는 일은
많은 절제와
희생을 요구하지만

그 일, 그 만남을 마무리 하고 난
다음에 느끼는 시원함, 충만함,
비밀스러운 기쁨과 뿌듯함에는
값이 없습니다.

참 좋습니다.

왕관의 무게

하루에 굵직굵직한 일들이 서너가지가
되는 나날입니다.
가끔은 견디기 힘들게 느껴집니다.
오전은 서울에서 부산으로 이동하고,
허겁지겁 점심을 먹고
세시경에는 알로이시오의 열매회에
필요한 법무법인과의 계약관련 미팅,
저녁에는 니비의 초대로
노영심의 따뜻한 선물이라는
겨울콘써트 관람...
그리고 숙소에 들어서면 밤 11시가
가까워지고 있습니다.
외식 후유증으로
잠을 이룰 수가 없고
불편한 위장을 어루만지며
뒤척입니다.
그래도 따뜻한 공연의 여운,
함께 한 우리 가족들과의 편안한 웃음,
귀여운 승현이... 그리고 나처럼,
마냥 편안하지만은 않을 텐데도
왕관의 무게를 견디고 있는 니비,
도움이 필요한 우리 자녀들을 위하여
기도합니다. 고맙습니다.

십자가를 진 내 어깨

가끔은
십자가를 진 내 어깨가 무너질 것 같습니다.
가끔은
이 어둔밤에
새벽이 오지 않을 것이라는
속삭임이 들립니다.

그럼에도 불구하고
빛 앞에
그림자는 흔적을 잃고,
내 옆에,
앞에, 뒤에, 위에서
나의 십자가를 들어 주는
이웃들의 손길에
어깨가 가벼워 지고,
희미하게 다가오는
아침이
새벽창을 채우기
시작합니다.

그러므로 말합니다.
"힘내라.
부영혼아.
이 마음 높이 들어라!"

폭염

폭염.
말로 다할 수 없는 더위의 한 가운데 있는
한국입니다.
어느 수녀님은 보고서 시작을
"추위도 더위도 찬미받으소서!" 라고
하셨습니다.
기후는 우리가 바꿀 수 없는 것입니다.
적응하는 법을 찾고,
마음을 느긋하게 하고,
오늘을 조금 줄이며
이 상황 안에서도
기뻐하고
기도하고
선을 실천할 수 있으면
좋겠습니다.

아이같은 단순함

커피향이 좋은,
맑고 밝은 아침입니다.
말하기 보다 침묵을,
외적인 것보다 내적인것에
시선을 모아 봅니다.
나의 통제를 벗어나는 수많은 일들 -.
아이같은 단순함으로
다 맡기려 합니다.

지금의 기 감사할 일 10가지

1) Be...
   ① 평화로운 마음
   ② 안도하는 마음
   ③ 감사하는 마음

2) Can...
   ① 잠에서 벌떡 깨어남
   ② 넉넉하게 떨어지는 물로 세수함
   ③ 50여 개의 계단을 내려오며 자각하는 건강한 다리로 걸을 수 있음
   ④ 새벽에 기도할 수 있음

3) Do...
   ① 타인을 위해 기도함
   ② 진심으로 감사드림
   ③ 불필요한 걱정, 시선, 판단을 거듭거듭 거두어 들이고 있음.

악연

과거의 악연은 지금도 계속됩니다.
그래도 어쩌겠습니까?
그냥 저의 짐처럼 지고 가겠습니다.
누구의 말처럼?
아니, 예수님 말씀이었죠.
"하느님 허락없이는 머리카락 한올도
떨어지지 않는다."
지나온 모든 시간, 모든 일, 모든 사건, 모든 만남,
미움과 고움…
모두 하느님께서 허락하신 일입니다.

좋은 일은 좋은 일대로
아픈 일은 아픈 일대로
그렇게 받아주고
그렇게 묵묵히 걸어갈 것입니다.

내 삶의 주인이신 주님,
죄인인 저를 불쌍히 여기시고
도와주십시오.

지나온 시간의 무게도
묵묵히 느끼면서도
짓눌리지 않고,
지금 여기에서 다시 시작할 힘과
의욕을 주소서.

주님,
온전히 당신께 의탁합니다.

지리산에서의 새벽

지리산에서의 새벽입니다.
안개 가득하고 찬 기운이지만
미사봉헌을 잘하고... 끝나자마자 연곡사에
가서 강길웅 신부님의 안내를 받았습니다.
앞으로 올 미래도, 지나간 역겹도 존재하지
않고, 존재하는 내가 있는 그 순간과 시간,
-지금-에 대한 가르침과 <심우도>에 대한
신부님의 해설을 들었습니다.
불교의 가르침과 가톨릭 영성이 연결된,
삶이 녹아있는 통찰이 굉장히 깊은 울림을
주었습니다.
졸업생들 덕분에 모처럼 휴식시간을 가져서
고맙지만, 더욱 고마운 것은 강길웅 신부님의
특강을 들을 수 있었다는 사실입니다.
꽤 유명하신 분이지만,
직접 가르침을 들을 수 있는 기회가 없었는데
성령께서
작용하고 계심을 확신할 수 있었습니다.
그 동안 제 마음과 정신에 큰 영향을
미치고 있던 일에 대한 답을 주셨습니다.
<주님이 얼마나 좋으신지 너희는 맛보고
알라> 라는 주제에 당신의 체험을
나누며, 꼭 필요한 저의 태도와
자세를 돌아볼 수 있게 하셨습니다.

반항심

어둠이 내리고 세상은 가을비에 까맣게
젖었습니다.
저는 게으르고 게으르게 하루를 보냅니다.
〈성실함〉은 하느님의 성향 가운데 하나
이지만 오늘은 그 틀을 깨고 〈쉼〉을 선택
합니다. 편안하지 않은 마음, 서운한 마음,
따지고 싶은 마음을 감추고,
숨어서 견뎌 내려고 합니다.
1000일을 열심히 살아도, 부족해 보이는
하루 때문에 비난의 눈길을 받는 것에
오늘은 울컥 반항심이 생깁니다.
세상의 눈길은 늘 그렇습니다.
억울해 할 필요도 없을텐데
오늘은 면역력이 떨어져서 절망감을
느낍니다.
나의 일거수일투족을 다 보고 계신 주님,
이런 기분조차도 허락하시는 주님.
죄인인 저를 용서하시고 도와주소서.
저는 오직 당신께 의탁합니다.

침묵의 울림

병원에 머문 지 이틀째입니다.
늦가을 비가 내리고 있는데 병실에서는
느낌이 없습니다. 넘치도록 쉬고 있는데도
머리가 아프고 의욕이 없습니다.
집중하지 못한 채 묵주의 기도를 드리고
스즈키 히데코 수녀님의 책을 조금 읽었습니다.
개운하지 않은 이 기분은 무엇일까요?
우선 조금 더 잠을 청해 보아야겠습니다.

식은땀을 흘리며 자다가 일어납니다.
발바라 수녀님께서 보내신 편지를 읽습니다.
할 말을 잃습니다.....
저는 어느 세월에 그렇게 비우고, 그렇게 낮추어
아무 일도 하지 않으면서 많은 열매를 맺고,
아무 말도 하지 않았는데 울림을 주는
그런 존재 자체로 하느님을 드러낼 수
있을까요?
아직도 욕심에 사로 잡히고, 마음의 권력을
휘두르고 있는데...

참을 忍

노트 한 페이지에 참을 忍을 써 봅니다.
요즘 저는 많이 참고, 많이 침묵하려고
노력하고 있습니다.

특별히 타인의 부족함을 내가 다 고쳐주려고
하는 성급함과 교만함이 너무 자주, 너무많이
보이고 있습니다. 그 알아차림은 너무나 유익
합니다. 그 알아차림 후에 저는 마음으로
다시 말합니다. <그것이 너와 무슨 상관이
있느냐?> 타인의 죄를 제가 만들고, 보탠
하고 되새기고 있느라 나의 즐거움, 맑음,
밝음을 놓치고 있기 때문입니다.

<그것이 너와 무슨 상관이 있느냐?>
이 질문 하나만 수없번 되뇌이면서
忍을 쓰고 있습니다.

고맙습니다. 주님.
너무 늦지 않게 이 깨달음, 이 질문을
기억나게 해 주셔서 —.

탱자탱자 노는 오늘

309호로 자리를 옮겼습니다.
간간이 들리는 차소리, 아이들 지나가는
소리외에는 대체로 조용하고 아늑합니다.
무엇보다 마음 놓고 누워 있을 수 있어서
좋습니다.
탱자탱자 노는 오늘도 당신께 바칩니다.
의욕 없고, 눈이 침침하고
주사 때문에 불편한 움직임도
당신께 바칩니다.
모든 순간, 모든 마음, 생각, 뜻,
한 획의 글자도
당신께 바칩니다.

나보다 30살 많은 오빠에게

어떻게 그렇게 먼 길을
잘 걸어 오셨어요?
아직 더 걸어도 될 만한
풍채와 눈빛.
하얗지만 반짝거리는
머릿결을 하고
입가에 미소를 짓고
들어서는 그 모습에

언어로 표현하기 어려운
존경심과
격려의 마음으로
뭉클해집니다.

문득,
고백하고 싶어집니다.
저는 더 걸어갈 힘이 없다고
지금은.

영혼의 밑바닥

온갖 있음의 근원이신 주님,
맨 처음의 마음,
처음의 맑음
처음의 고요
처음의 기대감....
어느덧
존재는
생의 한 가운데 서서
방향을 잡지 못하고
마음도 가누지 못하고
초점을 잃은 눈빛으로
주변을 더듬더듬
찾아봅니다.
영혼의 밑바닥에
남아있는
단 한 가지 생각에
지탱한 채....
I need you...

필요합니다

제게는 중심이신 당신이 필요합니다.
내 안에, 밖에, 주위에
위 · 아래에
처음과 끝에 살아계시는 당신의
현존에 대한 끊임없는
알아차림이 필요합니다.
그 알아차림 이후의 태도와 변화와
성장과 굳건함을 위한
겸손한 용기
용감한 겸손도 필요합니다.
내 마음의 주님,
내 근원이신 주님,
제게는 당신 아닌 모든 것을
과감하게 버릴 수 있는 용기,
실천력,
지금 여기의 되심과
다시
부질없이 목성 내고 해우는
어리석음으로부터의 해방이
필요합니다.

끝 앞에 서서

삶과 삶의 껍질이
너무 다양하고
그 굴곡진 인생길이 너무 다른,
하지만 우리가 예외없이
통과해야 할 한 길.
〈죽음〉을 생각합니다.

이 「끝」 앞에
겸손해지지 않은 사람은 거의 없고,
어떤 이는 억지로라도 무릎 꿇게 하는
「마지막」 입니다.

이 End의 터널을 지나고 나면
보이는 시작, Another Beginning...
오늘은 그 끝 앞에 서서
잠깐,
엄마생각 합니다.

화는 말에서 나온다

〈나는 오늘부터 말을 하지 않기로 했다〉- 편성환

최근에 이틀만에 읽은 책이다. 구성도 편집도 디자인도 단순하고 내용도 간결하다.
43일 동안의 무언수행 중에 떠오른 생각과 경험들을 기록한 책이다.

침묵을 좋아하고, 하루의 반은 침묵속에 사는 수도자인 나에게는 익숙한 생각들이 많고, 간결하게 사는 삶과 타인의 소리에 귀 기울이는 지혜 그리고 울림을 주는 말은 많은 말에 있지 않다는 가르침을 다시 한번 나의 정신에 각인 시켜본다.

그는 어느 장에서 〈화는 말에서 나온다〉고 정의했는데... 반신반의 하면서도 〈말〉이 화의 원인이 된다는 사실에 공감한다.

억지로 시간을 떼어 침묵할 수는 없지만, 언제나 더 들어주고, 적게 말하는 습관을 갖고 싶다.

해피엔딩

나의 마음, 감정이
얼마나 심한 굴곡을 타는지,
주변의 시선이
따뜻하던지
무관심하던지....
일이 꼬이든지, 풀리든지 간에
그 끝은
파스텔톤의
향긋하고,
보기에 아름다운
해피엔딩일 것입니다.

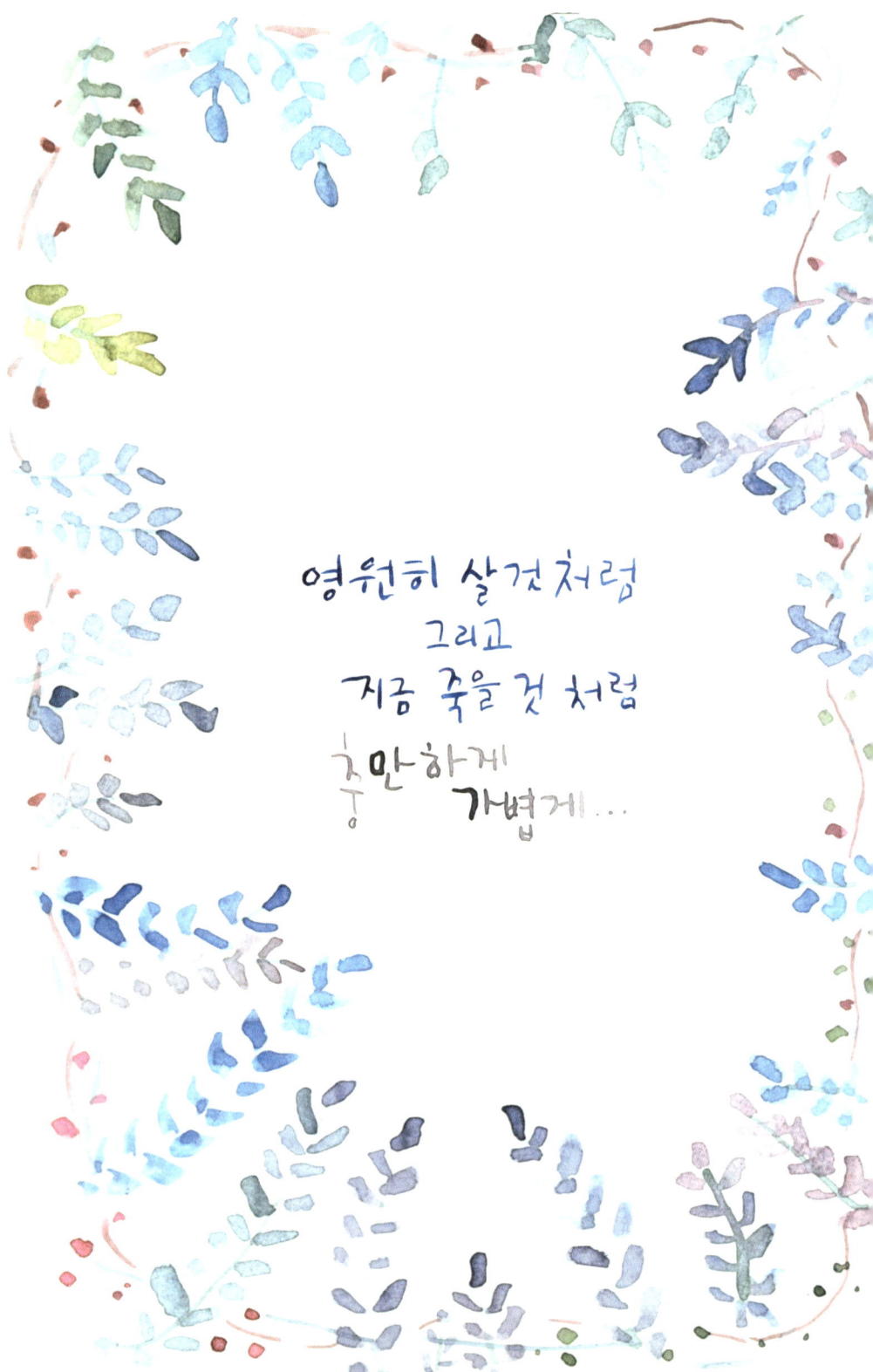

영원히 살것처럼
그리고
지금 죽을것 처럼
충만하게
　　가볍게...

그림 그리고
글 쓰는 일은
저도 모르는 사이에
휴식이 되고
기도가 되고
다시 사랑할 힘이 되었습니다
소박하고
훌륭불통한 일상의 이야기를
책으로 엮어
선물처럼 전할 수 있도록 해 주신
도서출판 답게 와
장소님 대표님,
응원해 주신 정두리 시인님,
그리고
저의 Artmate 이고은 님
참 고맙습니다.